영어쓰기,
이런 실수들만 안해도
수준급

아무도 알려주지 않아서 한국인이 자주 하는
두드러진 영어 작문 실수 12가지

영어쓰기, 이런 실수들만 안 해도 수준급

12 Common Errors
in English Writing and
How to Correct Them

배정옥 교수 지음

한국문화사

이 책에 나오는 Common Errors 시리즈의 내용은 배정옥 교수의 유튜브 채널인 "영어 쓰기, 기술과 창작"에 나오는 내용 중 Common Errors 시리즈에 해당하는 것이며, 이를 도서용으로 개편하였음.

영어 쓰기, 기술과 창작 (https://bit.ly/32qcfAd)

머리말

본 도서의 독자층은 영어권 나라에서 자라지 않은 한국의 초·중·고등학생들, 대학생, 대학졸업생들이다. 이들이 영어로 에세이, 논문, 과제, 비즈니스 글쓰기를 하기 위해 작문 실력을 향상시키고 글의 격을 높이고자 할 때 참고와 도움이 될 것이다.

한국인들의 영어 작문에서 같은 종류의 실수가 지속적으로 나타난다. 그 이유는 주위에서 아무도 그것이 실수인지 말해주지 않기 때문이다. 즉 잘못된 영작에 대한 피드백을 받지 못하기 때문이다. 먼저 초·중·고 학교에서 이 실수들을 거의 다루어 주지 않는다. 그 이유는 교과서 집필진이나 영어선생님들이 이 실수 현상들이 실수인지 모르기 때문일 수 있으며, 만약 그렇다면, 그들이 대학생이었을 때 교수님들조차 가르쳐 주지 않았기 때문이다. 영어선생님들이 아신다 하더라도 교육목표 설정에서 이 실수들은 관심에서 벗어나 있다. 그리하여 대학과 사회에서의 글쓰기에 이러한 실수가 지속적으로 나타나게 되며, 그 영어들이 실수인지 아무도 말해주지 않는 상황에서 실수는 고착화되며, 이 현상은 반복된다.

본 책은 이러한 '몰라서 하게 되는 통상적인 영작 오류들'을 깨닫게 해 주며, 좋은 혹은 서툰 영작문이 되게 하는 요소들을 이해하도록 도와준다. 아울러 한국적인 표현, 생각, 문화를 기저로 영작을 할 때 일어나는 영어 표현 실수를 명시적으로 지적해주며, 교정법으로 안내해 준다. 그럼으로써 교양 있는 세계 시민에 걸맞은 영어 쓰기를 하는 데 도움이 되고자 한다.

저자는 수십 년간 한국의 초·중·고등학생, 대학생, 대학원생들의 영작 샘플을 관찰하고 연구해 왔다. 이러한 경험을 통해, 또한 저자 자신의 영작 경험, 영작문 교정 피드백을 주고받은 경험, 작문 교수 경험을 통해 이러한 실수들과 교정법을 여기 정리하여 출판으로 공유하게 되었다. 작문 오류 시리즈의 내용에 피드백을 주게 된 경북대학교 영어교육과 학생들, 유튜브 작문채널의 동영상들이 글로 변형되도록 제안해 주신 박종석 학장님, 정리를 도와 준 박새한님, 이세비님, 이정현님, 내용 검토에 참여해 주신 서은영, 정용욱 선생님들, 한국문화사 조정흠 부장님과 김주리 선생님께 감사드린다.

2022년 2월
배 정 옥(Jungok Bae)

차례

머리말 • 5

01	Common Error 1	Writing에 축약형을?	8
02	Common Error 2	작문에서 Also를 문두에 쓰지 마세요	14
03	Common Error 3	구어체인줄 모르고 종종 작문에 쓰는 단어와 표현들	22
04	Common Error 4	등위접속사 사용시 Comma 처리 대거 실수	30
05	Common Error 5	등위접속사를 문두에 써도 되나?	38
06	Common Error 6	There is / are ~ 구문의 사용, 관계대명사 구문과 함께 사용하면 Poor Style	46
07	Common Error 7	불필요한 말로 글을 약화시키고 거슬리게 함	54
08	Common Error 8	모호한 단어를 사용하여 무엇을 지칭하는지 모르게 함	64
09	Common Error 9	명사 나열과 Such as ~ 사용의 서투름	70
10	Common Error 10	명사와 동사, 어느 것을 선호?	76
11	Common Error 11	Of ~ 구문, 중첩하여 쓰지는 않나요?	82
12	Common Error 12	방치된 문단 네 가지	88

마무리 • 108

Common Error 1

Writing에 축약형을?

아무도 그렇게 쓰지 말라고 말해주는 사람이 없었기에 영어로 쓴 글에서 자주 보게 되는 오류 첫 번째입니다. 바로 축약형 contraction을 작문에 아무 생각 없이 사용하는 것입니다. 이 실수는 광범위하게 나타납니다. 그러나 한 번 알면 바로 고칠 수 있는, 고치기 쉬운 것입니다.

예를 볼까요? 아래는 초등학생의 예입니다.

> Jake likes playing computer game. But he has bad habit. After using computer, he doesn't turn it off! Mothers always doesn't let children keep a bad habit, so do his mother. She always scolded Jake about the habit, but Jake didn't trashed the bad habit. In fact, Jake tried. But he always forgets it. So he didn't know what to do. It happened again.

다른 실수에는 집중하지 말고, 밑줄로 표시한 축약형을 봅시다. 해당 작문에서 축약형들이 지속적으로 나타나고 있습니다. 이 학생은 **작문에 축약형을 쓰면 안 된다**는 것을 모르고 있습니다.

다음은 영어 영재 프로그램에 등록한 중학생의 작문 샘플입니다.

> The world was beautiful under the great light of nature. The wind was blowing, so it wasn't hot. There was nothing that could hinder the happiness of a joyous child. This day, he played game for so long that he didn't slept. He couldn't sleep. He should continue the game. he couldn't feel the fresh air near him.

여기에서도 볼 수 있듯이, 영어 영재 프로그램에 참여할 정도로 영어 능력이 우수한 학생임에도 불구하고, 작문에는 축약형을 쓰면 안 된다는 것을 모르고 있습니다.

　이러한 오류의 이유는 아마도 중고등학교에서 '축약형을 어떻게 쓰는 것인가' 하는 문법적 형태, 즉, was not은 축약형으로 wasn't로 사용한다는 grammatical form 혹은 linguistic form을 중점적으로 배웠기 때문인 것으로 보입니다. 아쉽게도 시간이 없어서인지 중고등학교에서는 축약형의 linguistic 측면 이외에도 social linguistic, 즉 사회 언어학적 측면에서의 학습은 잘 다루어지지 않기 때문이라고 봅니다. 아마도 중고 레벨에서는 우선 문법적인 것을 먼저 아는 것이 중요하다고 간주되었을 것입니다.

　사회 언어학적인(social linguistic) 측면을 살펴봅시다. 언어는 어떤 특정한 상황에서 쓰이게 되는데, 그 언어가 특정 상황에서 적절한가(appropriate)를 사회 문화적 측면에서 생각해보는 것입니다. 상황(context 혹은 situation)의 종류에는 여러 가지가 있겠지만, 그 중 한 가지는 공식·정식(Formal) 상황과 비공식·비격식(Informal) 상황입니다.

　쓰기, 작문활동은 대표적인 공식·정식 상황입니다. 대조적으로, 비공식·비격식 상황이라는 것은 긴장이 없는 편한 상태를 말합니다. 대표적인 것이 친구 간의 대화입니다. 축약형 wasn't 는 비격식, 비공식 상황에 쓰는 것이 적절합니다. 이 사회 언어학이 따지는 것은, 그렇게 쓰는 것이 '문법적으로 정확한지'의 여부가 아니라 해당 상황에서 '적절한지'의 여부입니다.

　축약형은 긴 문장을 짧게 만들기 때문에, 쓰기에 간편, 편리합니다. 따라서 이것을 정식, 공식 상황에 쓰게 되면 독자는 '성의없다', 'clumsy하다', '아직 모르고 있구나'라는 인상을 받게 됩니다. 그러니 여러분들은 이런 표현을 사용하는 것을 지양하는 것이 좋겠어요.

　이번에는 대학생들이 쓴 이메일 예시를 볼까요?

> Good morning, Prof. Bae,
> I am writing this email to notify my absence on April 17.
> I've come down with a flue and need to rest for a while . . .
> Thank you for your understanding.
>
> Sincerely,

이렇게 이 학생이 마지막에 Sincerely라고 써서 격식을 차린 구성을 의도한 것 같아요. 그렇다면 특정 표현뿐만 아니라 모든 문장을 그렇게 써주는 것이 일관성(coherence)이 있겠지요?

I've라고 축약형을 썼고, Professor라는 철자를 모두 쓰지 않고 간편하게 Prof.으로 줄여 썼습니다. 이 또한 약간 무성의하다고 느낄 수 있습니다. 가능하면 완전한 단어로 쓰는 것이 좋겠어요. 왜냐하면 작문은 문어체로 격식을 요하는 상황이며, 교수님과는 친근한 사이는 아니기 때문이지요.

다음은 대학생의 에세이 예시입니다.

> Back in high school, I wasn't a good student. I was a troublemaker. But I met one teacher who is passionate and warm-hearted. Then I thought, "I'd like to be a teacher. But I couldn't get high SAT score to get into education college, so I turned my future course. However, after finishing my military duty, I couldn't forget my original dream. So I tried again to get into education college. Fortunately I was admitted! Therefore I'm happy and I'd like to approach more to achieve my dream.

이렇게 축약형이 많이 쓰여 있습니다. 이 학생은 fluency가 좋습니다. 그러나 아직 작문을 할 때 축약형을 쓰면 안 된다는 것을 모르고 있습니다. 왜냐하면 대학교에 와서도 누가 '그렇게 쓰면 안 돼'라고 말해주는 사람이 거의 없기 때문입니다.

요약

쓰기, 작문상황은 공식·정식 상황(formal context)입니다. 쓰기 중에서도 특히 business writing, essay writing, 쓰기과제, report, 기말고사, 중간고사 등은 더더욱 공식·정식 상황입니다. 잘 모르는 사람을 대상으로 하거나, 격식을 요하는 경우 해당 상황은 공식·정식 상황이라고 간주하면 됩니다.

쓰기이지만 E-mail이나 카카오톡 같은 text message는 비격식 상황으로 취급해도 됩니다. 특히 친한 사이에는 더욱 그렇습니다. 그럴 때는 준말을 쓰기도 해요. 그렇지 않은 writing의 경우는 공식·정식이라고 생각해주세요.

대조적으로 대화, 특히 가족이나 친구같이 서로 친근한 경우는 비격식 상황으로 간주하면 됩니다. E-mail은 정식 편지보다 다소 비격식 경우가 될 수 있지만, 선생님이나 상사에게 이메일을 보낸다면 격식을 차려야 하는 정식 상황으로 간주하는 것이 안전합니다.

그래서 가장 중요한 것은 writing은 공식·정식 상황이고, text message (채팅) 같은 것을 제외하고는 거의 모든 writing이 공식·정식이라고 규칙으로 알아 두면 되겠어요. 축약형이나 준말은 편한 비격식 상황에서 사용하는 것이므로 writing에서는 사용하지 말아야 하겠습니다.

MEMO

Common Error 2

작문에서 Also를 문두에 쓰지 마세요

Part 1

한국인의 영작문 두 편 중 한 편에서 Also가 잘못 사용되어 나타납니다. 바로 Also를 문두에 쓰는 것입니다. 한 페이지에 두세 번씩이나 문장 맨 앞에 Also가 나타나는데, 이 오류를 저지르는 경우가 그만큼 많습니다. 이런 경우는 Also 사용과 관련하여 피드백을 받은 경험이 없었기 때문인데, 알면 고치기도 쉬운 것입니다.

예를 봅시다. 초등학생과 대학생이 쓴 예시입니다.

- They became friends again. Also, they didn't fight any more.
- Also the reason I want to be a teacher is that I like schools.

뜻을 이해하는 데는 문제가 없습니다. 단지 Also의 사용법이 문제입니다.

통상적으로 한국 사람들이 하는 오류 중 하나가 Also를 문두에 쓰는 것입니다. Also는 문장 중간에 써야 합니다. 정확한 위치는 Be-동사 뒤 일반동사 앞, 그리고 조동사가 있을 경우 조동사 바로 뒤입니다. 일반적인 부사의 위치와 같습니다.

예를 봅시다. 다음은 Also의 올바른 사용 예시입니다.

- A creative aspect is also found in their definition of content in writing.
    Be동사가 있기 때문에 바로 뒤에 also가 오게 됩니다.
- He also had a soccer ball in his room.
    일반동사 had가 왔으며 also는 바로 앞에 오게 됩니다.
- The problems will also be solved.
    조동사 will이 있어 also는 will 뒤에 왔습니다.

> Vocabulary diversity, <u>also</u> called lexical richness, refers to the range and variety of words, used in a text (McCarthy & Jarvis, 2007).

바로 위는 실제 논문의 예시입니다. 이와 같이 구로서 also called는 하나의 expression으로 사용되며 동사와는 별 상관은 없습니다. 이런 식으로 문장 중간에 위치하면 되겠습니다.

그렇다면 왜 많은 한국 사람들은 Also를 문두에 쓰는 오류를 범할까요?

이유를 보면, 한국어 구어에서 발화문 앞에 '또한'이라는 표현을 많이 씁니다. 생각해보면 많은 예가 있을 것입니다. '또한 내게는', '또한, 그 다음 일이 발생했습니다' 등 예가 수도 없이 많을 겁니다.

이렇게 우리가 발화 바로 앞에서 '또한'을 쓰는 것에 아무런 부자연스러움을 느끼지 않기 때문에 영작을 할 때 <u>모국어의 '부정적 전이현상'(Negative transfer)</u>이 발생하게 됩니다. '한국어에서 그렇게 쓰니 영어에서도 그렇게 쓰면 될 것이다'라는 잠재의식이 작용하는 것이지요. 이런 모국어의 부정적인 전이현상이 있다는 것을 알고, 여러분들은 Also를 문장 앞에 써서는 안 되겠어요.

Also를 문장 앞에 놓았을 경우의 문제는 여러분의 작문에 격이 떨어진다는 것입니다. 즉, style과 관계되는 것으로 작문의 내용, 문법, 어휘가 아무리 잘 쓰였다고 하더라도 이 Also 때문에 격이 떨어지게 됩니다.

이어 Part 2에서 왜 Also를 문두에 많이 쓰게 되는지, 그 전이 현상 transfer에 대해 예시를 들어 설명해 놓았습니다. 또한, 문두 Also에 대해서 영어 원어민 교수는 어떻게 생각하는지 확인해 보실 수 있겠습니다.

Part 2

Part 2에서는 실제 한국어에서 '또한'을 문두에 쓰는지 살펴보고, 이어 문두 Also에 대해서 원어민은 어떻게 생각하는지 살펴봅시다.

한국어에서 '또한'이 쓰인 사례가 아래 있습니다. 여러분도 찾아보면 실제 부지기수의 예를 발견할 것입니다.

- 우리 집에는 귀여운 강아지가 있다. 또한, 갓 태어난 고양이도 있다.
- 소출이 많아⋯ 거의 백여 석에 이르렀다. 또한⋯ 여러 해 묵어 있던 황무지를 개간하여 메밀과 보리, 콩을 심어 육칠백 석을 거두었다. (장길산, 황석영 작, 2004)
- 우리는 지구온난화⋯ 등 다양한 환경 문제에 직면하고 있다. 또한 도시에⋯ 건조화 등의 문제가 발생하고 있다. (나무가 있는 건물, 동아일보, 2009년 12월)

위와 같이 '또한'이 문제없이 문두에 사용되고 있습니다. 그러다 보니 영어 사용에 부정적으로 전이되는 것입니다. 지난번에 본 예시를 한 번 더 봅시다.

- They became friends again. Also they did not fight any more.
- I want to be a teacher like Mr. Kim my English teacher. Also the reason I want to be a teacher is that I can have a long vacation.

이러한 예는 초등학생, 중·고등학생, 심지어 박사과정 학생들이나 교수님들의 글에서도 많이 나타납니다. 아주 많이, 여러 분야에서 말이죠.

이러한 것을 볼 때, '덜 세련됐다', '서툴다', '아직 모르고 있구나'라는 생각이 듭니다. 이러한 오류를 지속적으로 범하는 근본적인 이유는 바로,

> 아무도 안 가르쳐 주었기 때문입니다.
> 누가 가르쳐 주었다면 그렇게 쓰겠습니까?

Jonathan Jordahl 원어민 교수님께 문두 Also에 대한 예를 주고 어떻게 생각하는지 여쭤보았습니다. 조나산 교수님은 IOWA 영재 교육 자격증이 있는 대한민국 유일한 강사입니다(지금은 한국을 떠나셨습니다). 그리고 쓰기에 관해서도 대가시고요. 다음은 조나산 교수님께서 주신 코멘트입니다.

Just not pretty to tag one thing on another as an afterthought.

다시 말해서, 또 다른 생각이 나서 Also를 사용하여 한 문장을 다른 문장에 같이 연결하는 것은 예쁜 방법이 아니라는 말입니다.

Also는 의미적으로 and '그리고'의 뜻입니다. 문장 시작을 and로 시작하지 말라는 스타일의 법칙이 있습니다. 이 스타일의 법칙을 위배한다는 뜻입니다. Also는 문법적으로 품사가 부사이죠? 부사의 위치는 'Be 동사 뒤, 일반동사 앞, 조동사 뒤'입니다. 그렇지만 문두 부사라는 것도 가능하잖아요? 예를 들면, "Fortunately, It was Sunday, and the weather was beautiful." Fortunately, naturally, happily 등과 같이 문두 부사를 많이 씁니다. 아무 문제없어요.

그렇지만 Also의 경우에, 이를 문두 부사처럼 쓰게 되면 '그리고'라는 뜻이 존재하기 때문에 스타일의 법칙에 부합하지 않는다는 말입니다. 또한, 여러 개의 문장이 있을 때 이것들을 분석하거나 요약해서 한두 문장으로 표현하기를 작가가 거부하고, 이들을 그대로 결합하려는, 조나산 교수님의 말을 빌어, "cheap and clumsy way"입니다. 값싸고 서투른 표현 방식이라는 것이지요.

조나산 교수님이 계속 말씀하시기를, 문두에 쓰인 Also는 글쓴이가 생각을

다 마치지 않았다는 것을 알려 준다고 합니다. 여기서 우리가 상기해야 할 것은, '한 문장은 하나의 아이디어를 가져야 한다'라는 규칙입니다. 새 문장을 시작한다는 그 자체가 또 다른 생각이 이어진다는 뜻입니다. 새 문장의 시작 자체가 Also의 뜻을 내포하고 있습니다. 그러므로 Also를 문두에 쓰는 것은 근본적으로 중복이라는 말입니다.

그럼 어떻게 교정할까요?

문두에 쓰인 Also의 교정 방법

- 첫 번째는 Just delete also. <u>안 써도 됩니다.</u>
- 두 번째로, Also를 쓰려면 <u>문장 안에 쓰면 됩니다.</u> Be동사 뒤, 일반동사 앞, 조동사 뒤.
- 세 번째로, <u>Also 대신 다른 표현으로 교체</u>하는 것입니다.
- 마지막으로, <u>여러 개의 문장을 한두 개의 문장으로 합하여 내가 하고자 하는 말을 정확히 표현할 방법이 없나를 생각</u>해 보는 것입니다.

> They became friends again. <u>Also</u> they did not fight any more.

앞의 예로 한 번 돌아가 볼까요? 이 경우에, 이 Also를 문장 중간에 갖다 놓으면 They did not also fight any more인데 이럴 바에는 삭제합니다. They became friends again. They did not fight any more. 간결하고 좋죠?

> I want to be a teacher like Mr. Kim my English teacher. <u>Also</u> the reason I want to be a teacher is that I can have a long vacation.

그 다음 경우에, Also를 중간으로 한 번 가져가 보겠습니다. The reason I

want to be also a teacher…이라 쓸 경우 다소 부자연스러운 감이 있어요. 그러니 다른 표현으로 바꿔봅시다. The reason I want to be라는 표현 대신에 Another reason I want to be a teacher is that~. 이렇게 쓰면 되겠습니다. 아니면 여러 개의 문장을 한두 개의 문장으로 축약해서 쓸 수 있는 방법이 없는가를 고려해 봐도 되겠습니다.

이와 같이 Also를 문두에 썼을 경우에 문법적으로 잘못된 것은 없습니다. 하지만 이것은 스타일의 문제가 됩니다. 한 때 제가 조나산 교수님께 작문에서 무엇이 가장 중요한지에 대해 여쭈었을 때, 교수님은 아무 주저 없이 "Style" 이라고 답하셨습니다. Style에 관해서는 다음번에 더 얘기할 기회가 있길 바라요.

조나산 교수님께서 하신 비유입니다. 6시 30분에 저녁을 먹으러 가려고 사무실 문을 닫는데, 학생이 다시 "Also"라고 하면서 말을 덧붙일 때, 혹은 여러분이 수업 마칠 시간이 지나서 다음 수업을 준비해야 하는데 교수님께서 "Also"라고 내용을 덧붙일 때, 그럴 때 여러분의 기분은 어떨까요?

MEMO

Common Error

3

구어체인줄 모르고 종종 작문에 쓰는 단어와 표현들

이번에는 구어체인 것을 모르고 한국 사람들이 종종 영어 쓰기에 사용하게 되는 단어와 구 몇 가지를 소개하겠습니다. 앞에 장에서 나온 축약형, 준말은 비격식체이기 때문에 격식을 요하는 문어체인 영작문에는 쓰지 말라는 tip을 주었죠? 이 규칙을 모르면 거의 두세 개 작문 중 한 개 이상의 작문에서 나타나는 광범위한 오류입니다. 왜냐하면 우리가 평소 말할 때 축약이 많이 일어나는데, 그러한 특성이 쓰기 영역으로 자연스럽게 옮겨지기 때문입니다.

이번에는 준말(contraction)처럼 광범위하게 나타나지는 않지만, 모르면 계속 영어 작문에 사용하게 되는 단어와 표현 몇 가지를 다루겠습니다.

외국인의 한국어 쓰기를 잠시 봅시다. 만약 외국인이 한국말로 글을 써와서 기사에 내려고 하는데, 혹은 제출용이거나 출판용인데 교정을 요청해 왔다면, 이러한 경우 어떻게 하겠습니까?

> 임용고시에 합격한 샘들을 위한 연수가 2월 중 열린다.

이렇게 '샘들'이라는 말을 고치지 않을 수 없겠지요. 합격한 '교사들을 위한', '선생님들을 위한' 등으로 고쳐 쓰겠죠.

> 올해 수능 영어시험에서 헷갈리는 문제가 두 개 포함되었다.

여기서 '헷갈리는'이라는 표현을 쓰면 안 된다고 이야기하겠죠? '혼동되는 문제가'로 쓸 수 있습니다.

> 학생 수련원 리모델링을 위해 이 단체에서 5억을 기부한 것은 학생들에게 짱이었다.

이 표현도 쓰면 안 된다는 조언을 주겠죠? 직감적으로 우리는 교과서에서 이런 표현을 보지 못했고, 이를 리포트나 신문기사와 같은 문어체에 쓰지 않는다는 것 또한 자연스럽게 알고 있습니다.

그렇다면 적합하지 않다는 것을 어떻게 알게 되었나요? 바로 한국어가 사용되는 상황에서 살아오면서 자연스럽게 습득하게 된 것입니다. 누가 가르쳐준 것은 아니지요?

특정 영어 단어나 표현이 공식(문어체)에 쓰이는지, 아니면 비격식(구어체)인지에 대해 잘 인식하지 않게 되는 이유를 한 번 봅시다. 영어 등 제2 언어를 배울 때 그 언어가 일상적으로 사용되지 않는 상황(context, situation), 예컨대, 한국이나 일본에서 배우게 되면, 그 단어나 표현이 구어체인지, 문어체인지 구별하지 못하게 됩니다.

더군다나 교실에서, 혹은 개별 학습에서 영어의 단어와 표현을 학습할 때, 격식용 혹은 비격식용 용도가 있다는 사실을 잘 가르쳐주지도, 잘 배우지도 않습니다. 대신, 단어의 뜻이 한국어로 적힌 것을 보고 단순암기하게 됩니다. 뜻을 아는 것이 급선무이기 때문이지요. 중·고등학교에서는 단어와 표현에는 사회언어학적 측면이 있다는 것에 관심을 많이 기울이지 않고 배워왔을 것입니다.

이 언어의 사회언어학적 측면이라는 것은 상황에 따라 단어의 사용이 적절할 수도 부적절할 수도 있다는 것을 고려하는 측면입니다. 쉬운 예로, 한국에서 "그래라"는 내가 손윗사람에게 말하는 상황이라면 부적절하지만 아랫사람에게 말하는 것이라면 적절한 것이 됩니다. 미국에서는 또 달라지고요.

특정 상황이 쓰기이면 정식·공식 상황으로 문어체(written style)를 쓰게 되며, 이 문어체는 일상적으로 편한 상황에 쓰는 구어체, 비격식체(spoken style)와는 구별됩니다.

이제 구어체, 비격식체인데 모르고 정식 쓰기에 흔히 오용하는 단어와 표현들을 봅시다.

!get

먼저 get은 상당히 빈도가 높습니다. 이 단어를 우리가 배울 때, 얻다, 받다 등의 뜻으로 외워왔습니다. 그래서 'I got a letter' 등으로 쓰게 되는데, 이것이 구어에서는 좋은 표현입니다. 그러나 문어에서는 got 대신 received로 바꾸어 써야 합니다. 'May I get your permission?'이라고 이메일을 쓴다고 했을 때, 'May I have your permission?'이나 obtain을 사용하는 것이 좋겠습니다.

아래 성적 이의를 제기하는 이메일 문장도 봅시다.

> I got 85 in English class and have studied harder than any other class I have ever taken in a semester.

'85점을 받았다'라는 뜻으로 'I got 85'라고 했어요. 성적을 조금 올리고 싶으면, 어느 정도 진지한, formal한 형식을 써야겠죠. 따라서 'I got'이라는 표현 대신 'I received'를 쓰는 것이 좋겠어요.

다음은 story writing입니다.

> He searched more sites, and he could find similar things. So he ordered it. However when he got it, it didn't work.

이때도 got 대신 received로 대체하는 것이 좋습니다.

a lot of , lots of

숙어 a lot of, lots of (많은)는 빈도수가 높은 표현입니다. 이 말은 구어에서 나올 수는 있지만 문어체에는 사용하지 말아야 하겠어요.

Thanks a lot → Thank you very much

'Thanks' 자체도 'Thank you'보다 구어입니다. 이러한 표현은 colloquial speech에서는 써도 되지만 문어에서는 'Thank you very much'로 표현하는 것이 좋습니다.

- He made lots of mistakes when he was young.
- A lot of people went to the concert.

위에서와 같이 lots of 나 a lot of 표현은 구어에서는 좋겠지만, 문어에서는 쓰면 안 되겠어요.

이 표현은 many, numerous, a good deal of, a great deal of, a large number of 등의 표현으로 대체해주어야 합니다.

a couple of

다음으로 문어체가 요구되는데 종종 보이는 표현으로 a couple of가 있습니다.

He also had a couple of soccer trophies on his desk.

위의 예처럼, 그리고 논문의 예에서 'a couple of solutions can be made'와 같은 표현을 사용하게 되면 수정을 받게 됩니다. A few로 대체하는 것이 좋겠어요. A few는 공식적인 말입니다.

nice

Nice도 구어체입니다. 이것도 awareness가 없으면 문어체에서도 자주 사용하게 됩니다.

All the things seemed so slow to him. Ben was lazy, but nice student.

초등생이 쓴 글인데, nice는 good으로 바꿔 쓰는 것이 좋겠어요. good은 문어에 쓸 수 있으나 nice는 문어에 쓰면 그 글을 교정하는 원어민들은 늘 지적을 하는 단어입니다.

O.K., Cool 등의 표현도 있습니다. 빈도수가 높지요?

Okay, O.K., ok 로 다양하게 표기되는데 이러한 표현은 문어체에 써도 되는 fine, good 등으로 대체해주어야 하겠어요. Cool도 '시원한'의 뜻으로 구어체에서는 사용될 수 있지만, 이것이 다른 뜻으로 사용될 경우 very good, excellent, acceptable 등의 표현으로 대체해야 합니다. 다음 대화를 봅시다.

A: How was the vacation?   B: It was cool.

이 대화에서는 좋은 표현이 됩니다. 하지만 'The T-shirt looks cool'의 문장은 편한 구어체에서는 적절하지만 문어체인 작문에서는 적절하지 못한 표현이 되겠습니다. Cool을 excellent 등으로 대체하면 되겠습니다.

실제 작문의 예를 봅시다.

> I want to succeed, and I want to be a businessman. I believe that money is a good part of our life. So we should study hard and get more knowledge to come true our dream. If I want to be a businessman, I should have many qualities. For instance, courage hard-working and intelligence. I think businessman is really cool and need responsibility to others. So it is very difficult. Nowadays more and more people became excellent. I should do my best to pursue my dram life.

두 가지가 나오는데, get more knowledge라는 표현이 나왔죠? acquire이라는 표현으로 고치는 게 좋겠습니다. I think businessmen is very cool이라는 표현에서도 cool 대신 excellent로 표현하는 것이 좋겠어요.

다음 예시도 봅시다.

> There are lots of things that we can do or achieve in the world. Among these things, I want to be an English teacher who teaches English easily but makes a test difficult.

여기서도 lots of things가 등장하는데 many things, a large number of things, numerous things 등으로 고칠 수 있겠어요.

요약

　구어체라서 작문에 쓰면 안 된다는 것을 모르고 쓰게 되는 단어와 표현들이 있습니다. 이러한 단어와 표현들은 일상 대화에 쓰이는 것이며, colloquial expressions라서 빈도수가 높습니다. 그래서 writing에도 그대로 쓰게 되는데, 사용을 지양해야 합니다.

　축약형, 준말, get, nice, okay, a lot, lots of, a couple of, cool 등 우리가 살펴본 표현들은 작문에 쓰지 말아야 하겠습니다. 이러한 표현들은 과거에 아무도 말해주지 않았기 때문에 저도 작문에 쓰게 되어 교정할 때 매번 쓰지 말라고 지적을 받았던 단어와 표현들입니다. 몇 번 지적받게 되면 다음에는 안 쓰게 되지요. 우리말의 '헷갈린다, 삐까뻔쩍하다' 등은 격식을 요하는 작문에 쓰지 않듯, 여러분도 written style에는 위의 표현들은 쓰지 말아야 하겠어요!

Common Error 4

등위접속사 사용 시 Comma 처리 대거 실수

통상적인 오류 네 번째로, 등위접속사를 사용할 때 쉼표 찍는 것, 즉 comma 사용의 오류에 대해 배우겠습니다. Comma 오류는 초등학생, 중학생, 대학생, 심지어 대학교를 졸업한 사람들의 작문에서도 많이 발견됩니다. 이것 역시 규칙을 알고 주의만 기울이면 되는데, 이에 관한 rule이 있다는 것을 모르고 있거나, 잊어버려 여기저기 comma 오류를 남겨놓게 됩니다.

먼저 일반적인 대원칙을 봅시다.

- S + V 로 구성된 단위: 절(clause)
- 한 문장에 S + V가 하나만 있을 때: 단문 simple sentence
- S + V 가 둘 이상일 때: 중문(compound) 혹은 복문(complex)
- S + V S + V. 절이 두 개인데 접속사가 없음. 비문
- Rule: 한 문장에 절이 두 개 이상일 때 접속사가 필요함

S+V(주어+동사)로 구성된 단위를 절, clause라고 하죠? 한 문장에 S+V가 하나만 있을 때 단문(simple sentence)이라고 합니다. S+V가 둘 이상일 때, 중문(compound sentence) 혹은 복문(complex sentence)이라고 합니다. 여기에서는 중문만 다루겠어요.

아래 형태를 봅시다.

S + V S + V.

S+V S+V 절이 두 개입니다. 그런데 접속사가 없습니다. 이러한 형태는 비문(ungrammatical)이 되겠습니다. 옳지 않습니다. 그래서 규칙으로서 한 문장에 절이 두 개 이상일 때는 그것을 이어주는 접속사가 필요합니다.

많은 접속사 중에서 여기에서의 초점은 등위접속사에 주어집니다. 아래 형태를 봅시다.

S + V 등위접속사 S + V.

이 형태에서는 앞뒤 절이 대등합니다. 의미상 어느 절이 더 중요하다는 것이 없다는 말입니다. 그럴 때는 compound sentence가 되는데 이 중간의 등위접속사를 영어로 coordinating conjunction 혹은 coordinator라고 합니다. 우리말 외래어에 '코디'라는 사람이 하는 역할은 이곳 저곳 연결, 조정, 통합하는 사람을 말하지요. Coordinator는 절들을 조화롭게 연결하여 더 큰 하나(문장) 안에 어우러지도록 조정하는 역할을 합니다.

등위접속사의 종류는 그 접속의 뜻이 무엇인지에 따라서, and, but, or, so, for, yet, nor 이 7개뿐입니다. 많이 외웠었죠? 익숙할 겁니다. Yet과 nor은 조금 덜 익숙하겠죠.

Comma use로 들어가 봅시다.

두 개 이상의 절을 등위접속사를 사용하여 연결해 주면 문장이 자연히 길어지게 됩니다. 그래서 등위접속사가 쓰이는 문장 중간에 숨을 쉬는 comma를 함께 사용하게 되는데

> { *이 comma 실수가 등위접속사와 관련한 잦은 실수 Case 1입니다.* }

두 개의 절을 이어 말을 만들 때가 많기 때문에 그만큼 등위접속사 사용도 잦아지게 되며 comma도 자주 등장합니다. 그러기에 comma 실수도 사용법을 모르면 많이 드러나게 됩니다.

아래 Rule을 봅시다. 이 경우는 두 S가 서로 다를 때입니다.

> S V, 접속사 S V.
> (두 S가 서로 다를 때)

'개미는 일했다, 그러나 베짱이는 놀았다.' 이 경우에 두 번째 베짱이는 생략하면 안 되죠? 그래서 두 절의 주어가 다를 경우에 접속사 뒤는 S V 형태를 띠게 됩니다. 그럴 때 등위접속사 앞에 comma를 찍게 됩니다. 콤마 전후가 각각 하나의 의미 덩어리(chunk)라고 생각하면 됩니다.

다음의 규칙과 비교해봅시다.

> S V 접속사 (S) V.
> (두 S가 같을 때 뒤에 S 생략 가능)

S V 접속사 (S) V. 즉 이 경우는 두 S가 같을 때 뒤의 S는 생략해도 되는 경우입니다. '나는 합격했다. 그래서 나는 기뻤다.' 이렇게 '나는'이라는 주어를 반복하는 것보다는, '나는 합격했다 그래서 기뻤다.'라고 두 번째 주어를 생략하면 간결한 표현이 됩니다. 접속사 뒤에 S 생략으로 V가 남게 되면 접속사 앞에 comma가 사라집니다.

예를 봅시다. 두 주어가 다른 사람일 경우입니다.

> Jim was studying in the room, and his friends were playing soccer outside. (O)

이 경우에는 접속사 뒤에 주어 동사가 다 왔습니다. 주어가 다르기 때문이지요. 그럴 때 and 앞에 comma를 찍게 됩니다.

> Jim was studying inside and his friends were playing soccer outside. (X)

이것이 바로 가장 흔한 오류입니다. 등위접속사 and 뒤에 주어 동사가 다 따라 왔죠? 그런데 and 앞에 comma가 없습니다. 이것이 가장 많이 하는 실수가 되겠습니다.

이렇게 사용하면, 독자는 '아직 훈련을 받지 않았구나'라는 인상을 받게 됩니다. 두 문장에서 뜻의 차이는 전혀 없으나, 단지 차이는 comma의 유무입니다.

생물이든 무생물이든 모두 vibration, 진동이 있다고 하지요? 무생물인 comma도 때에 따라 진동이 다릅니다. comma가 있어야 하는데 없게 되면, '이 사람이 writing 훈련을 받지 않았구나'하는 인상과 관련된 진동을 일으키게 됩니다. 그만큼 중요하죠.

두 번째 예문을 봅시다.

> John was nervous, but he agreed to follow the advice. (O)

John과 he는 같은 사람이죠? 그런데 글쓴이가 이렇게 사용하기로 하면 가능한 문장이죠? but 뒤에 '주어 동사'가 뒤에 따라왔기 때문에 comma를 찍었습니다. 이를 달리 쓰면,

> = John was nervous but agreed to follow the advice. (O)

이 경우에는 두 번째 주어가 첫 번째 주어와 같은 사람이어서 생략되었기 때문에 접속사 but 뒤에 동사가 바로 따라왔습니다. 즉, comma가 부재한 것입니다.

실제 예를 한 번 봅시다. 초등학생의 예입니다.

> The strong wind came and Bycam's umbrella went upside down.

이 경우에 초등학생이 and 다음에 'Bycam's umbrella went'의 S+V가 왔는데 and 앞에 comma를 찍지 않았습니다. 찍어줘야 하겠죠?

다음은 고등학생의 예입니다.

> Tim didn't care about the advice and he played on and on. Tim's father got angry and yelled at him.

첫 번째에서는 he played라는 S V가 왔는데 and 앞에 comma를 찍지 않는 실수를 했습니다. 두 번째 문장에서는 and 뒤에 V만 왔기 때문에 comma를 찍지 않아도 되겠습니다.

다음 예를 봅시다.

> I'm majoring in geology education. I'm interested in global network and I want to communicate with people from other countries and that is why I'm learning many different languages. This year I tried to achieve my dream so I applied for one of OIA's programs called Daegu International Youth Camp.

and가 두 번 나왔습니다. 두 경우 모두 and 뒤에 S V가 왔으므로 and 앞에 comma를 찍어줘야 하겠습니다. 하지만 첫 번째 문장이 길게 제시되어서 아예 두 번째 and 앞에서 문장을 period(.)로 마쳐주고, 그다음 문장을 새로 시작하는 것이 좋겠어요(. . . countries. That is why . . .).

So 역시 뒤에 S V가 왔기 때문에 등위접속사 바로 앞에 comma를 찍어줘야 하겠습니다.

예외를 한 번 보겠습니다.

> I searched for a variety of English expressions that I did not know, and found a few.

이 경우에는 등위접속사 and 뒤에 동사만 왔죠? 그렇다면 comma가 없어야 하지 않겠나라는 생각이 들 수 있지만, 앞 절이 길기 때문에 의미 chunking을 원활히 하기 위해 comma를 사용했다고 보면 되겠습니다. 만약 여기서 comma를 제거하게 되면 did not know and found a few가 하나의 chunking이 될 수 있겠죠. 이는 작가가 의미하지 않은 것이 되겠습니다.

정리하겠습니다.

요약

등위접속사를 쓸 때는 <u>Be aware of comma use</u>. 어떻게 comma를 써야 하는지 신경을 써야 하겠습니다. 처음에 여러 번 awareness를 하면 그다음에는 숙달되는 쉬운 영역입니다.

Rule을 보면:
한 문장 안에서 S V S V 절이 두 개 있습니다. 그럴 때 뜻에 따라서 and, but, or, so, for 같은 등위접속사를 써서 두 개의 절을 연결할 수 있습니다. 등위접속사 뒤에 S V 둘 다 있으면 등위접속사 앞에 comma를 찍어줍니다. 왜냐하면 S V가 하나의 의미 chunking이 되기 때문에 그 chunking을 짓는 comma를 찍게 되겠습니다.

그러나 등위접속사 뒤에 주어가 생략되고, 동사만 있을 때는, 등위접속사 앞에 comma를 찍지 말아야 하겠습니다. 이유는 이럴 때에 의미의 단위인 chunking은 V + V가 되고, 따라서 이 두 개를 갈라놓는 comma를 찍을 필요가 없기 때문입니다.

등위접속사 and, but, or, so 는 자주 나타납니다. 사용 빈도가 높기 때문에 방치하게 되면 오늘 작문에 발생한 허접함이 내일 또 나타나게 됩니다. 이러한 등위접속사 실수를 해도 의미 이해, 의미 소통에는 별 영향이 없습니다. 그러나 의사소통이 해결되면 그 다음에는:

'격'의 문제지요.

여러분의 상대는 등위접속사의 올바른 사용법에 대해 아시는 분일 수도 있고, 여러분의 writing에서 나오는 격의 정도를 느끼는 사람일 수도 있습니다.

윤문을 거쳐 나온 모든 출판물에는 등위접속사와 콤마 사용에 관한 규칙이 철저하게 지켜져 있습니다. 그러므로 이 규칙의 사용에 숙달되어야 합니다.

등위접속사와 관련한 잦은 실수에는 두 가지가 있습니다. 여기 학습한 comma 처리가 그 하나이고, 다른 하나는 등위접속사의 '위치'에 대한 것인데, 이는 등위접속사를 문장 맨 앞에 두는 것입니다. 이 실수는 다음 챕터에서 다루겠습니다. 이들 챕터를 통해 등위접속사를 멋있게 사용하셔서 단정한 영어 글쓰기에 도움이 되길 바랍니다.

Common Error
5

등위접속사를 문두에 써도 되나?

이번 장에서는 등위접속사의 두 번째 잦은 오류인 등위접속사 문두 사용에 대해 주목하겠습니다. 앞에서 등위접속사의 첫 번째 잦은 오류인 comma 오류에 관해 이야기했었죠? 잠깐 복습해봅시다.

복습

- 등위접속사 종류에는 and, but, or, so, for, yet, nor 가 있고,
- 첫 번째 구조는 S V, 등위접속사 S V입니다. 양쪽에 절(S+V)이 완전한 형태로 존재하고 있습니다. 이때, 두 번째 절을 이끄는 등위접속사 바로 앞에 comma를 찍어야 합니다. 잦은 오류 case 1이 바로 이 comma를 찍지 않는 것입니다.
- 두 번째 구조는 S V 등위접속사 (S) V 입니다. 두 개의 절에 주어가 동일하여 뒤의 절에 S가 생략된 경우입니다. 이럴 때는 등위접속사 바로 앞에 comma를 찍지 않습니다. 여기에서는 실수가 별로 나오지 않습니다.

이번 차시의 주제는 이들 구조에서 등위접속사의 <u>위치</u>가 되겠습니다. 등위접속사의 두 구문에서 보듯 <u>등위접속사의 위치는 명백히 문장의 중간입니다.</u> 즉 두 번째 절 앞입니다.

{ 등위접속사 실수 *Case 2*가 바로
등위접속사를 문장 중간에 사용해야 하는데
문두에 잘못 사용하는 경우입니다. }

아래는 초등학생의 작문 예시입니다. 읽어 보세요.

I go to the school. It was a rainy day. <u>But</u> the school is fall. Sally's friend is going to. <u>But</u> Sally's umbrella is break. Are you okay? I ask.

귀엽죠? 여기서 등위접속사에 주목해 봅시다. 문장이 끝나고 새로운 문장이 시작하는데 But으로 시작했습니다. 그다음에도 새로운 문장이 시작하는데, But으로 시작했습니다. 여기에 대한 awareness가 아직 없죠? 하지만 이렇게만이라도 쓸 수 있다는 것이 대견합니다.

아래 작문은 중학생의 예시입니다.

> "You will late for school!" I said. "Mom, don't make a noise please." But mom neglect and shout. So I was very upset. I washed my face and eat breakfast slowly. Suddenly my mom said "Hurry up! and you will go school early." So I was surprise. I ate breakfast very fast and I go to school. When I arrived home, I don't wash and watched TV. My mom walked to me so I think "Oh my got she will shout to me." but she said "morning was very sorry." and she make cookies for me. So I was happy and I decided "Next time I don't get up late."

위 작문에서 새로운 문장이 시작하는데 But, So 등이 사용되고 있죠? 이와 같이 등위접속사의 문두 사용은 많이 나타나는 오류 중 하나임을 알 수 있습니다.

아래 대학생의 예시를 봅시다.

> I thought I should watch it for five minutes, but I was watching it for an hour. While writing this report, I kept thinking about why I have seen it for so long. We usually think that a place with a famous sign would be surrounded by tall buildings. But ETS is not. There are trees and forests filled with trees around ETS. And I imagined the scene of there unconsciously. "If I go to work today, some animals will stick their heads out of those forests."

첫 문장의 but은 좋았죠? S V가 있고, 접속사가 문장 중간에 제시되어 있습니다. 하지만 But ETS is not의 경우에 문두에 등위접속사를 사용했습니다. 마지막 문장 앞에 And가 사용된 것도 마찬가지고요. 이 글의 경우에는 표현력도 좋고 정서적이에요. 그러나 등위접속사와 관련된 awareness를 키우면 더 좋아지겠죠?

한 가지 밝힐 것은, "영어 구어에서는 문두에 많이 씁니다!"라고 이야기하는 사람이 있어요. 맞습니다. 구어에서는 많이 쓰기도 합니다. 미국 대통령도 트위터에서 등위접속사 And를 문두에 쓰는 것을 보았어요. 트위터 같은 social network에서는 비격식체로 간주될 수 있기 때문에 그럴 수 있습니다. 그러나 격식을 요하는 자리라면, 또 글쓴이가 격식을 차려 쓰고 싶다면 그렇게 쓰지 않을 것입니다.

쓰기는 구어가 아닌 정식 상황으로 문어체입니다. 따라서 rule과 격식을 요합니다. 그래서 문두에 써서는 안 되겠어요. 일반적으로 등위접속사를 작문 상황에서 문두에 사용하는 것은 오류입니다. 다른 나라 경우에는 잘 모르겠으나, 우리 한국 사람들 작문의 경우 등위접속사의 문두 사용은 predominant error, 즉 많이 나타나는 지배적인 error입니다.

그 이유를 살펴보면, 한국말에서는 등위접속사에 해당하는 그러나, 그래서, 그리고 등을 문두에 사용해도 okay이기 때문입니다.

한 대학생(서재욱 님)이 재미있는 관찰을 해 놓았어요. 바로 한국어 쓰기에는 등위접속사가 문장 중간에는 아예 나타나지 않는다는 관찰이었습니다. 예를 들면,

> 코스피 지수가 급락하고 있는 추세이다. 그러나 오늘 코스피 지수는 급등했다.

두 개의 문장인데 '그러나'가 등장합니다. 이것을 한 문장으로, "추세이다, 그러나..."라고 잘 쓰지 않지요? 그리고 주어가 앞뒤 동일한데, 뒤의 코스피 지수를

생략하게 되면 또한 부자연스러워져요. 굳이 이 두 문장을 한 문장으로 쓰려면, 다음과 같이 표현할 수 있습니다.

> 코스피 지수가 급락하고 있는 추세<u>이지만</u> 오늘 급등했다. (형태 바뀜)

이렇게 접속사의 형태를 변형하여 표현할 수 있겠습니다("…이지만").

이러한 현상이 모든 한국어에서 일반화되는 rule로 존재하는지 한번 관찰해보면 재미있겠다고 생각해요.

등위접속사는 사용 빈도가 높습니다. 문장이 서너 개만 있어도 접속사가 필요하기 때문이죠. 많은 글을 이어갈 때는 더욱 잘 등장하기 때문에 빈번한 오류가 되겠습니다.

등위접속사 문두 사용의 또 다른 이유는 글쓴이도 몰랐기 때문입니다. 과거에 여러분의 선생님도 말해주지 않았습니다.

등위접속사는 쉬운 영역입니다. 중·고등학교 영어 교실에도 수없이 나타납니다. 그러나 아마 등위접속사와 관련한 comma, 그리고 등위접속사의 위치에 관해서는 여태까지는 학습 목표에 잘 설정되지 않았나 봅니다. 그 이유에는 이것이 실수라는 것을 많은 사람들이 인지하지 못하고 있기 때문이 아닌가 생각됩니다. 보통 선생님께서도, 친구들도 말해주지 않습니다. 그들도 모르거나 설령 알았다 하더라도 굳이 남의 실수를 지적하려고 하지 않습니다.

Solution입니다.

> { 대부분의 경우 등위접속사는 불필요한 말입니다.
> 삭제하세요. }

초급 영어 습득 단계에서 등위접속사를 대량으로 쓰게 됩니다. 초등학생들이 많이 사용하는데 이럴 경우 귀엽다고 할 수 있지만, 성인들이 많이 사용할 경우에는 '허접하다', '모르고 있구나', '서툴다'의 인상을 줄 수 있습니다. 그리고 등위접속사 같은 conjunction을 문두에 사용하는 것은 writing quality를 떨어뜨린다는 연구들도 꽤 출판되어 있어요. 꼭 필요하지 않을 경우에 써 놓으면 군더더기가 되기 때문입니다. 따라서 여러분은 이러한 접속사가 꼭 필요한지를 생각해 보아야겠어요.

그 다음 solution은 동일한 뜻을 가진 문두 부사로 대체하는 것입니다.

동일한 뜻을 가진 문두 부사로 대체

And	➡	Additionally, In addition, Besides, Furthermore,
But	➡	However, Yet
Or	➡	Alternatively, 혹은 Rewriting
So	➡	Therefore, Thus

And의 경우 Additionally, In addition, Besides, Furthermore, Moreover로, But의 경우 However이나 Yet을 사용할 수 있습니다. Yet의 경우 등위접속사와 문두 부사로도 쓸 수 있습니다. However에 비해 Yet이 더 구어체입니다. 따라서 작문에는 보다 formal한 경우에 쓰는 However를 쓰는 것이 안전하겠죠?

Or도 우리 말 문장에 "혹은 . . ."으로 시작하는 경우가 있기 때문에, 그대로 영어로 옮겨 Or를 문두에 써 놓을 때가 있습니다. 아무리 생각해도 문맥상 Or가 맞는데, 원어민은 우리가 왜 영어 문두에 Or를 쓰는지 이해하지는 못하고, 그것을 고치라고 합니다. Alternatively로 바꿔주거나, 이 또한 문맥상 맞지 않을 때는 앞뒤 문장을 Rewriting하는 것을 고려해 봐야겠어요.

So나 and가 많이 나타나면 격이 떨어집니다. 그래서 이럴 때는 Therefore나

Thus를 대신 사용하면 되겠습니다. 안 써도 뜻이 분명해질 때는 아예 삭제하는 것이 낫습니다.

실제 예를 봅시다.

> - And he passed the exam. ➡ At last, he passed the exam.
> - But he accepted the proposal. ➡ However, he accepted the proposal.

문장 앞에 And와 But이 쓰였습니다. 이를 각 At last와 However로 바꾸면 자연스럽고 격을 갖춘 문장이 될 수 있겠죠.

요약

- 등위접속사의 위치는 문장 중간입니다. 문두에 사용하면 틀리게 됩니다. 구어에서는 문두에 사용하기도 하지만요.
- 군더더기가 되는 등위접속사의 문두 사용이 반드시 필요한 것인지에 대해 잠시 생각해보고 삭제하거나 다른 부사로 대체하세요. 대체가 용이하지 않다면 앞뒤 문장을 rewriting 해 보세요.
- 등위접속사의 문두 사용은 자주 발생하는 오류이지만 awareness를 가지고 조금만 연습하면 쉽게 고칠 수 있는 오류입니다. 등위접속사를 문두에 사용하지 않는 것은 정식 작문의 격과 style을 높여주는 시작점입니다.

MEMO

Common Error 6

There is / are ~ 구문의 사용, 관계대명사 구문과 함께 사용하면 Poor Style

There is, There are로 문장을 시작하면 Poor English가 됩니다. 왜 그럴까요? 그리고 관계대명사절, 꼭 필요할까요? 중복되고 말이 많은 것으로 비춰질 수 있는데, 예시에는 무엇이 있으며, 왜 문제가 되며, 교정은 어떻게 할 수 있을까요? 이번 장에는 이러한 내용을 다루겠습니다.

There is / are, There was / were의 표현은 습득 초기에 알게 되는 구문이지요. 편리해 보이나 poor English이므로 쓰기 상황에는 다른 표현으로 가급적 대체해주어야 합니다. There는 뜻이 없는 허사, 자리를 채워 넣는 filler, 가짜라는 의미의 dummy입니다. 붙여넣지만 의미는 없는 것입니다. 전문용어로는 expletive라고 알려져 있습니다. 이러한 표현은 문법적으로 아무 문제가 없으나, 쓰면 poor style이 됩니다.

본인이 써보면 왠지 초보처럼 느껴질 겁니다. 초안에서는 쓰더라도 개정 과정에서 고쳐야 하겠습니다. 초등학생 작문의 예시를 봅시다.

> - When he woke up, he saw raining. He was so happy and the next day the present arrived, and <u>there was $200</u>.
> - It was too hot outside so my friends and I went to the PC room. <u>There were too many people</u>, but I sat on a chair and played games.

There was / were 로 시작하면 왠지 초보적인 느낌이 들어요. 다른 옵션이 없나 살펴보아야 하겠습니다. 첫 번째의 경우는 he found $200 로 수정, 두 번째 경우는 Too many people were in the room 혹은 The room was packed with people 등의 표현으로 교체해주면 좋겠습니다.

다음으로 There is / are 뒤에 관계대명사절이 따라오는 경우입니다. 전문가들은 이러한 부분을 피하라고 합니다. *The Elements of Style*(Strunk & White, 2000) 책에도 이 부분이 명시적으로 설명되어 있습니다: There is ~ who / that

~ 의 표현을 피하라고 합니다. 그 이유는 불필요하게 말이 많게 되고, 중복이 되어 문장이 복잡해지기 때문입니다.

대학생 작문들의 예시를 봅시다.

> There are many things that I have to prepare. So I was confused. Is this job suitable for me?

There are 구문과 복문을 만들어 복잡하게 되었죠? 이 현상이 왜 일어나느냐를 봅시다. 우리 말로 '준비해야 할 것들이 많이 있다'라는 의미를 영역하다 보니, 이 '있다' 에 해당하는 영어가 there is, there are이라서 이 표현을 쓰게 됩니다.

There are와 관계대명사 that을 해체, 삭제하면 ~~There are~~ many things ~~that~~ I have to prepare 가 되어 simple sentence가 됩니다. 그러면 Many things I have to prepare가 되고, 이것을 영문 순서를 바꾸면 I have to prepare many things가 되죠. 그럼으로써 There are 구문과 관계대명사 구문 없이 쓸 수 있게 되고 의미 처리도 단순하게 됩니다.

> There were so many people who are good at English like native speakers, and if I have some mistakes in English …

여기에서도 '영어에 익숙한 사람들이 많이 있었다'라는 우리말에서의 이 '있었다' 에 해당하는 영어를 쓴다고 there were를 쓰게 된 것입니다. 또한 There were + 관계대명사절이 왔죠? 복문이 되었는데 이러한 표현은 지양해야겠습니다. 이를 해체하면 ~~There were~~ so many people ~~who~~ are good at English, 즉 So many people are good at English라는 단문이 됩니다.

> … But, there was a turning point that made me have a dream and study hard. It was the meeting of my past English teacher.

마찬가지 방법으로 ~~there was~~ a turning point ~~that~~ made me have a dream, 즉 a turning point made me have a dream으로 고칠 수 있겠죠?

> I try to achieve my tasks or solve problems with all my force. Nevertheless, there are tremendous things (that) I have to learn from now on.

이것도 there are를 삭제하고, I have to learn tremendous things from now on 으로 고치면 심플한 표현이 되겠습니다.

관계대명사절은 wordy, unnecessary일 수 있습니다. 따라서 이를 대체하면 좋습니다.

아래 예시는 이메일에서 본인을 소개하는 서두로 한국 사람들이 흔히 사용하는 표현입니다. 예컨대,

> I am Jisu and your student who is taking your composition class.

위 편지글처럼 흔히 본인을 소개할 때 I am ~ who ~ 라는 표현을 많이 씁니다. 이것을 고치면, I am Jisu, your student. I am taking your ~. 로 관계절을 없애고 동격 comma를 사용하여 간단히 표현할 수 있겠습니다.

비슷한 예시입니다.

- I am Lee Sumin starting class of 2019 who is in your English Composition Class…

This is Lee Sumin, starting class of 2019, and I am in your Composition Class. 인지적인 부담이 큰 복문 대신 and를 사용하여 두 문장으로 분리하여 줍니다.

'I am ~ who ~' 구문은 소개할 때 '나는 무엇무엇하는 어디어디 있는 ~ 입니다' 라는 우리말을 의역함으로써 자주 접하게 되는 영어 표현인데 권장되지 않으므로, 위와 같은 방법으로 수정해 보세요.

- Good afternoon, Professor Bae. This is Kim Young who is taking your English Writing class this semester.

마찬가지로, 수정은 This is Kim Young from your English Writing class …

- Second, I want to be a person who has a positive influence on society.

I want to have a positive influence on society 로 고치면 되겠어요.

- Finally, I want to be someone who can be confident and not ashamed of myself.

Finally, I want to be confident and not ashamed of myself 로 간단히 표현해 봅시다.

관계대명사가 꼭 필요할 때가 있습니다. 그럴 때는 대체하지 않고 그대로 사용하면 됩니다. 하지만 이를 대체할 수 있는 표현이 있는지, 보다 간소하게 표현할 수는 없는지 살펴보는 것은 중요합니다.

- I would like to go Australia, making friends ~~who came~~ from various countries and going to camping with them.

who came을 통째로 없애도 의미 전달에는 아무 문제가 없습니다.

- Tim, ~~who is~~ my friend, wrote a letter for me to the agency.

이 역시 who is 를 삭제하고 동격의 comma를 사용해도 무방합니다.

- I wasn't a good student, I was a troublemaker. But I met one teacher <u>who</u> is passionate and warm-hearted.

두 개의 문장을 사용합니다. I met one teacher. She is passionate ~.

- I am ~~a student who is~~ interested in global network and I want to communicate with.

I am interested in global network . . . 로 고칠 수 있습니다.

- Therefore, Korean students should try hard to understand and learn people <u>~~who have~~</u> different races, ethnics and religions.
    ➡ with

관계대명사 구문을 해체하여 ~ learn people with different races, ethnics ~ 같은 표현을 쓸 수 있겠습니다.

요약

There is / are / was / were 표현은 가급적 사용을 자제하고 다른 표현으로 대체해주어야 하겠습니다. 또, 관계대명사절은 복문을 만들어 말이 많아지고 불필요할 수 있으므로, 간결한 표현으로 대체할 수 있는지 고민해 보세요.

작문의 원칙인 Precise and Concise 에 대해 들어 보셨나요? 이 의미에 대해 한 번 생각해봅시다.

Simplicity is the ultimate sophistication.
- Leonardo da Vinci

Revision is one of the exquisite pleasures of writing.
- Bernard Malamud

MEMO

Common Error
7

불필요한 말로 글을 약화시키고 거슬리게 함

이번 장에는 style을 좋지 않게 만드는 단어와 표현 몇 가지입니다. 바로 very, really, etc., and so on, and so forth 같은 표현들, I think, I guess, In my opinion과 같은 표현을 덧붙이는 것입니다. 이러한 단어나 표현들은 없어도 되는데 글 안에 붙어있는 것이 됩니다. 작문에 사용할 경우, 읽을 때 거슬리게 되고 글을 약화시켜서 세련된 스타일에 방해가 됩니다. 하나씩 봅시다.

Very 같은 intensifiers

Very는 습득 초기에서부터 많이 사용하는 단어지요? 이 말을 작문에 사용하게 되면 overuse가 되겠습니다. 격을 떨어뜨리게 되므로, 삭제하거나, 그 정도를 꼭 높이고 싶은 경우에는 대체어를 사용해야 합니다.

예를 들면, extremely, wonderfully, considerably, substantially, incredibly, clearly 등과 같은, 정도를 나타내는 부사로 교체해주고, very는 제거하는 것이 좋습니다. Really도 very와 마찬가지로 구어에서는 많이 쓰이지만, 작문에서는 쓰지 않는 것이 좋습니다.

이런 단어나 표현들은:

- 군더더기, overuse
- 격을 낮춤
- Best to cut it out, or use an alternative words

예를 봅시다. 초등학생이 쓴 짧은 이야기입니다.

> Her name was Jean. Her job was computer programmer. She like do computer. She do computer very nice. Once day she go

> climb a mountain and night she sleep and morning wake up. She have a hand and feed is very herd so she find the computer and then she pound a exercise program and she do that but only feet is very hurt so she go to the hospital and then she not hurt and good.

Very가 3번 등장했지요? 초기 습득 단계인듯합니다. 이렇듯 초기 단계에 자주 쓰게 되는 단어입니다.

아래 예문들은 고등학생, 대학생들이 쓴 것인데 과도하게 very를 사용한 예시들입니다. Very를 삭제해도 그 뜻을 전달하는 데에 문제가 없기 때문에 삭제하는 것이 좋겠어요.

> - He felt like he was on the cloud. He danced and sang like a very young child. He sat on the chair again.
> - I went a skating and got cold. Today I am very sick and have cough now. In this case I think it is better to relax at home rather than go class.
> - I forgot attaching the file, I send you again. I'm very sorry for that.
> - English has been my favorite subject since I was very young. It is very interesting to learn foreign language, and I was proud of myself.

원어민들은 이러한 very를 교정에서 잡아냅니다. 여러분들도 작문 상황에서는 사용하지 말기 바랍니다. 굳이 사용하고 싶다면 다른 부사로 대체하고요.

보충으로, 저명한 책 두 권에서 강조어 사용에 관해 조언한 것이 있는데 소개합니다. 첫째는 Steven Pinker 하버드대학교 교수가 쓴 *The Sense of Style*이란 책입니다. 여기 very에 대한 조언이 나오는데,

> *"Very is a soggy modifier"*
> (Pinker, 2014, p. 246).

　Soggy라는 말은 '흠뻑 젖었다'라는 뜻의 구어체 단어입니다. 예컨대 쿠키나 시리얼은 바삭바삭해야 제맛이죠. 그런데 봉지 밖에 한참 놓아두면 눅진해집니다. 시리얼을 우유에 오래 담아두면 흠뻑 젖게 됩니다. 이런 쿠키나 시리얼은 보기에도 좋지 않고 맛도 떨어집니다. Soggy는 그런 부정적인 느낌입니다. Very는 문장을 soggy 하게 만드는 수식어다라는 것이지요.

　Pinker 교수는 very 이외에도 highly, extremely 같은 강조부사(intensifiers)를 쓰지 말라고 권고합니다. 그가 드는 이유는, 예를 들어 honest가 있는데, 이 말은 하나의 category로서 completely honest를 말하는데, 즉 정직하거나, 정직하지 않거나 all or none 둘 중 하나가 되는 개념인데, very honest와 같이 강조어를 넣는 순간 쓸데없이 등급화시킨다는 것입니다. 즉 honest의 등급을 1, 2, 3, 5, 10 이렇게 등급을 매기게 된다는 것이죠.

　Pinker 교수님께서 계속 말씀하시기를, very를 쓸려고 할 때마다, damn이라는 단어로 교체하라고 누군가 말했다고 합니다. 무슨 말이냐 하면, 예를 들어, very honest speech ➡ damn honest speech로 교체하란 말이죠. 우스갯말입니다. 작문을 교정하는 사람이나 작가 본인이 점잖지 않은 단어인 damn이 거기 쓰이는 것을 원하지 않을 것이므로 삭제할 것이고, 그럼으로써 그 문장이 just fine이 될 것이라는 거죠.

　다음으로 *Elements of Style*(W. Strunk, Jr. & E. B. White, 1959, 2000) 책에도 very에 관한 평이 나옵니다. 이 책에서는 좀 심한 말을 하는데, 다음과 같습니다(p. 73).

> "Avoid the use of qualifiers. Rather, very, little, pretty — these are the leeches that infest the pond of prose, sucking the blood of words."

여기 해석해 놓기도 주저되는 무시무시한 내용입니다. very가 이 정도면 사용하지 말아야 하겠죠?

very, really, pretty, a little, 이런 단어 작문에 쓰지 말고요, 예를 들면, rather expensive, a little difficult, pretty easy, 이렇게 쓰지 말라는 것입니다.

이중 특히, very를 작문에 쓰면, 원어민들은 100% 삭제를 권합니다. 거슬리는 말입니다.

우리말에도, 교양있는 분이 '아주 편하다', '아주 보기 좋습니다', '아주 잘했어요', 하는 말을 하시면, 아주라는 말은 빼면 좋겠다 싶어요. 매우도 마찬가지입니다. very는 그런 느낌과 유사합니다.

참조하셔서, 세련되고 정제된 작문을 하는 데 도움이 되길 바랍니다.

etc, and so on은 피해야 합니다. 예시를 봅시다.

> I want to travel and enjoy sand activities like sand boarding, sand skiing, and sand driving, etc.

이 학생은 etc를 썼는데, 구조는 잘 썼어요. etc. 가 나타나는 구조는 A, B,

C, etc. 의 형태이지요. etc. 의 동일한 뜻으로 and so on, and so forth, and the like 가 있습니다. 그러나 이러한 표현을 쓰면 잘 생각이 나지 않아 얼버무렸다는 인상을 줍니다. 한국말의 '등등'이라는 표현이 이에 해당합니다. 때로는 성의없다는 인상을 줄 수 있습니다. 작문에는 구체적 예를 생각해내어 써 넣을 시간이 충분히 있을 것이므로, 조금 생각해 보면 구체적 예시를 만들어 나열할 수 있습니다. 너무 많은 예시가 존재할 때는 일일이 다 나열할 수 없으므로 이러한 표현 대신에 to name a few, to name several 등의 표현을 사용할 수 있겠어요.

!
I think, I guess,
In my opinion

I think, I guess, in my opinion을 사용하지 마세요. 아래 실제 작문 예시에서 I think가 두 번 나옵니다.

> Let me introduce myself. My name is ○○○. I am majoring in English education. I want to work at your department. I think I have some merit to be hired by you. First, I have tried to do my best in any field I worked. If you hire me, I will do my best. Second, now I am not busy. So whenever you need me, you can cal me, and I will work for you. Last, I think responsibility is the best virtue.

I think는 의견을 표하는 에세이에 자주 등장합니다. Humility가 미덕인 사회에서 겸손하고 싶어서, 혹은 확신이 없음에서 온 말로, 신뢰성을 떨어뜨리고 글을 약화시킵니다. 이 표현은 대부분 군더더기이므로 격을 떨어뜨립니다.

모든 글은 작가 자신의 "생각"이므로 I think를 쓰지 않아도 생각하는 것입니다.

In my opinion도 마찬가지입니다. 당연히 자신의 의견인데 굳이 이러한 표현을 쓸 이유가 없겠죠. 회사에 지원하는 글이므로, I think 표현을 삭제하여 의지를 강하게 전달할 수 있습니다. I guess도 마찬가지입니다.

> My major is Education and English Education as a double major. I think I am very outgoing person and I like communication with other people. Also, I think mistake makes perfect, so if I make some mistake and you advise me about that, I take all of your advice and do my best to improve my working. By working in this workplace, I want to contribute to develop this place.

위 작문에서도 'I think'라는 표현을 두 번이나 사용하여 의도나 확신을 떨어뜨리고 있습니다. 굳이 필요하지 않은 표현입니다. 이외, 쓰지 말라고 한 very, Also가 나타났죠?

> The reason why I choose this title as the title of this picture, I think that the white thing is a plate, and the colorful things are flowers, also I think that the man is holding the white thing. Therefore, I choose this title as the title of this picture.

위 작문에서도 두 번이나 I think that이 나왔는데, 삭제해야 하겠습니다.

> As a student who major in English Education, I want to be a well-educated English teacher. Because I love English and teaching. But this reason is too natural and boring. So, from now on, I'll explain a meaning of 'well-educated'. I think when teacher is not well-educated, he/she can't deliver his/her knowledge properly.

강력하게 표현하고자 하는 말 앞에 I think를 쓰는 것은 그 의도를 약화시킴과 동시에 redundant하다는 느낌을 줄 수 있습니다.

또한 from now on이라는 표현도 불필요합니다. 그 말이 없어도 그때부터, 그 문장부터 다음 내용이 진행되는 것은 분명하므로 이를 삭제하여 주는 것이 좋겠습니다.

> I want to be a flight attendant. Because I love seeing beautiful blue sky, white clouds. Also, I like traveling. Flight attendant can visit many countries while working. I can visit New York city, London, Tokyo and other many various cities. I can't stay long days, yet it will be very happy that I stepped that city's ground in my entire life. Plus, stewardess can travel with very cheap money. It is the biggest benefit, I think. Lastly, I want to see passengers exciting faces before landing the flight.

윗글에서도 'I think'가 나왔습니다. 군더더기 표현입니다. 그리고 앞에서 배운 very, Also가 나타납니다. 이처럼 잦은 오류입니다.

정리하면 다음과 같습니다.

요약

불필요한 말들 삭제
- very, really, 부사 pretty: 작문에 X
- etc., and so on, and so forth: 작문에 쓰지 X
- I think, I guess, in my opinion ➡ Remove
- From now on ➡ Remove

이런 단어와 표현들이 작문에 사용되었을 때 이들이 주는 인상과 격이 어떠한 것인지 이해가 되지요? 이들의 사용을 지양하여 여러분들의 글이 힘이 있고, 분명해지게 합시다.

MEMO

Common Error 8

모호한 단어를 사용하여 무엇을 지칭하는지 모르게 함

이 장에서는 불명확한 단어를 대충 사용하여 독자가 그 뜻이 무엇인지 잘 몰라 이해를 저해시키거나 거슬리게 하는 단어들에 대해 다루겠습니다. 여기에는 this, that, it, thing 같은 단어를 사용하는 것, 그리고 since의 의미를 애매하게 사용하는 것을 뽑아 보았습니다.

> **That, this, it, thing**

　　that, this, it 같은 대명사는 분명한 단어나 구로 대체해야 합니다. 길게 쓰는 text에서 대명사를 두루뭉술하게 대충 사용할 때가 많은데, 독자 입장에서는 지칭하는 대상이 무엇인지 분명하지 않을 때가 많습니다. 작가 본인만이 알거나, 본인도 분명히 알지 못하는 경우에 대명사를 자주 사용하게 됩니다. 따라서 가리키는 것이 무엇인지 정확한 단어나 구로 대체해주어야 합니다. 이 역시 격과 관련되는 것입니다.

　같은 선상에서 thing, things와 같이 대충 묶어서 쓰는 표현을 다른 분명한 말로 바꾸어 줘야 합니다.

　예시입니다.

- John was searching about T-rex because it was his homework.

이럴 때 it은 T-rex를 지칭하는 것이 명확하므로 O.K.입니다.

- I found a useful YouTube channel, and I wanna share it with you. The name of that channel is Paik's Cuisine.

여기서도 대명사의 쓰임이 명확합니다. 위의 경우는 대명사가 대상을 명확히 지칭하는 경우였죠?

다음은 긴 text가 올 때의 예시입니다.

> Teacher would be fun job. I like schools. I can help students and be of service to the society. This belief makes me study, and finally, I came to English education major to be a teacher. But in university I have many questions in my mind. The job 'teacher' is a little different from what I thought. There are many things that I have prepare. So I was confused. Does this job fit for me?

위의 This belief 앞에 많은 내용이 제시되어 있어서 This가 가리키는 것이 어떤 것인지에 대해 명확히 이해하기 힘듭니다. 본인을 알겠지만, 독자는 모를 수 있습니다. 아니면 본인도 모르고 대충 쓴 것일 때도 많아요. 그 앞에 나온 문장들 전부인지, 그러면 복수가 아닌지, 그래서 These considerations라고 할 수 있을지?

There are many things에서 things 가 무엇인지? many qualifications 인지? 등 생각해보고 명확한 표현을 써 주어야 합니다.

> He will search for game machine in the same place. But there won't be that thing and he will not give up to buy it. He searched more sites, and he could find similar things.

Thing이 두 번이나 나왔는데, 버릇이 될 수 있겠지요. 각 지칭하는 대상인 machine과 machines로 바꾸어 명확히 해 주는 것이 독자 이해에 좋습니다.

> After all, because of his laziness and bad luck, he turned in the empty report to Mr. Brown. He got F, and lost 20% of his final score. So don't be lazy and don't put off the things until tomorrow!

위의 things도 얼버무린 표현이므로 your assignments, duties 같은 명확한 명사로 바꾸어 줍시다.

> I made my own TEDx lecture and performed it. In addition, I could participate in English debate contests and the like. Due to those experiences, I decided to be an English teacher. That is because the thing that I can do well is 'English' and I like to share my knowledge with a lot of people…

That과 thing이 나왔는데, 이런 것을 쓰지 말아야 한다고 피드백을 받지 못하면 습관이 될 수 있습니다. That is because…에서 That이 무엇인지 알려면 앞의 문장으로 거슬러 가서 한참 보아야 하며, 그래도 불명확합니다. 그래서 아예 삭제해도 되는지도 보고. The thing that I can do well is English에서 the thing도 불명확하므로 The subject … 으로 교체하면 명확해지겠습니다.

> I am majoring in English Education. This major is a starting point of my dream. That is because I have wanted to be an English teacher for a long time. Since I was very young, I have been interested in English. That is why I chose …

윗글에서도 표시한 부분들의 문제점을 인식하고 어떻게 고칠 수 있을지 보세요. That is because는 삭제해주고, That is why는 for these reasons로 바꾸어 쓸 수 있을 것입니다.

> **! Since**

Since는 두 가지의 뜻으로 많이 사용하는데 현대 작문 Style에 관한 지침서들은 since를 한 가지 뜻으로만 쓰도록 권장합니다. 원래는 time의 의미로 '~ 이래로'의 의미로 쓰이는데, because 즉 '~ 때문에'라는 뜻으로 쓰이기도 하여 어느 뜻인지 분명하지 않을 가능성이 있습니다. 그래서 since는 time의 뜻으로만 사용하고, because의 뜻으로 썼다면 because로 대체하는 것이 좋습니다.

이 조언은 APA Publication Manual이라는 곳에서부터 나왔는데, 출판용 쓰기에 관한 매뉴얼로 세계적으로 정평있는 쓰기 안내서입니다. Since는 after의 의미처럼 시간을 언급하기 위해 사용할 때 뜻이 가장 정확해지고, 그렇지 않은 경우는 그 의미가 애매해질 수 있다는 내용입니다. 따라서 Because의 의미를 의도한다면 because로 써주는 것이 좋습니다.

예를 봅시다.

> I have lived in this city since I was young.

Since I was young, I … 내가 어렸기 때문인지, 어렸을 때부터인지? 다소 ambiguity가 존재할 수 있는데, 분명한 뜻은 뒷 문장에 오는 문맥을 보아야 파악할 수 있습니다.

> Since her backpack was loaded with books, she had a frown.

가방이 책으로 가득 찬 이후인지 가득 찼기 때문인지, 작가가 because의 의미로 since를 썼다면, 굳이 since를 써서 ambiguity를 만들지 않고, because를 써주면 좋겠습니다.

> <u>Since</u> the English assessment includes both educational and psychological aspects, both aspects will be addressed in designing the test items.

문맥상 because의 의미로 쓴 것 같죠? 따라서 since를 굳이 쓰지 않고 because로 대체해줍시다.

요약

- This, that, it, thing ➡ 명확한 말로 교체
- Since: 시간의 용도(~이래, ~이후)로만 사용
- 이러한 단어들을 사용할 때는 그 뜻이 문맥에서 금방 알 수 있는 분명한 것인지를 생각해 보고 그렇지 않을 경우 개정해야 합니다. 그리하여 여러분이 쓴 글이 뜻이 분명하여(precise) 읽기가 수월하고 즐거운 것이 되게 해줍시다.

Common Error 9

명사 나열과 such as~ 사용의 서투름

이번 장에서 다룰 내용은 작문에서 종종 부딪히게 되는 영역으로, 명사의 나열과 관련된 오류, 혹은 서툰 표현 몇 가지입니다. 이것들은 명사를 연속 중첩하는 것, 명사 나열법, such as 뒤 명사 나열을 처리하는 것입니다. 하나씩 봅시다.

> **명사 나열 방법**

명사를 여러 개 연속하여 중첩 명사를 만들지 말아야 하겠습니다. 명사를 두 개 쓰는 것은 다반사입니다. Bus stop, grocery shopping, English teacher 등 명사 + 명사로 되어있는 것을 compound noun, 복합명사라고 하지요.

두 개는 많이 쓰지만, 세 개 이상 연속될 경우 그것들을 중첩하여 복합명사로 만드는 것은 피해야 합니다. 아래는 인터넷에서 본 소제목의 예시입니다.

Recommendation letter examples

추천서 예시. 한국말로 했을 때는 아무런 문제가 없지요? 그러나 영어로 옮겼을 때 명사 세 개가 연속 나오게 됩니다. 세 개 전체가 하나의 명사를 이루는데, 이렇게 되면 한국식 말을 그대로 나열한 것으로 영어에서는 중첩이 되어 걸리적거립니다. 바람직한 방법은 명사 세 개가 연속되는 복합명사를 피하여, recommendation letters with examples 혹은 letters of recommendation with examples이 좋습니다. 이렇게 하면 명사가 과도하게 중첩되지 않고, 보다 formal한 표현이 된다고 할 수 있습니다. 즉 명사 세 개 중첩은 일종의 아무렇게나 나열시키는 방법이라고 할 수 있습니다.

비슷하게, English teacher라고도 하고 teacher of English도 많이 씁니다. 차

이점은 후자가 더 정식 표현이라 보면 됩니다.

다음 인터넷에서 본 예시입니다.

> **Secondary school teacher job profile**

무려 4개의 명사가 중첩되었죠? 이것 역시 job profile for secondary school teacher 로 표현할 수 있겠네요.

일반적인 명사 나열법을 봅시다. 명사를 나열할 때는,

> **A and B (Apples and bananas)**

두 개가 올 때는 comma 없이 나열합니다. 세 개가 나열될 때는 아래와 같이 두 가지 방법을 씁니다.

> **(1) A, B, and C (Korea, Japan, and China)**
> **(2) A, B and C (Korea, Japan and China)**

세 개가 올 때는 (1)의 경우와 같이 A와 B 뒤에 comma를 찍어줍니다. 이와 달리 (2)의 경우에는 B and C를 comma 없이 나열했습니다.

두 가지 방법 다 가능하지만, 하나의 긴 글에서 두 형태 중 한 가지만 취하여 통일된 스타일로 쓰는 것이 일관성을 높여줍니다. 조나산 교수님께 위 둘 중 어느 스타일을 선호하느냐 여쭈었더니 (2)를 선호한다고 답하셨고, 그 이유는 콤마 하나를 덜 쓰므로 더 경제적이기 때문이라 하셨습니다. 저는 (1)을 선호합니다. 이유는 딱딱 끊는 쉼표들의 음악성 때문일까요?

> **A, B, ⋯, and E**
> (4개 이상이 올 경우 마지막 요소 앞에만 and로 처리해줍니다)

명사를 많이 나열하는 경우는 작문 상황에서 종종 등장하므로 comma 처리를 잘해주면 보기에 단정합니다.

> **Such as ~ 의 여러 용례**

나열할 때 such as를 사용할 때가 많아서 such as 표현에 능숙하면 좋습니다. 예를 봅시다. 다음 글은 신입생 때를 회고하는 대학생의 essay입니다. 충실한 내용의 에세이인데 마침 such as와 명사 나열과 관련된 오류가 있어 가져와 봤습니다.

> When I was a freshman, I always tried my best in everything, such as relationship, and studying. As I was extroverted, I joined . . .
>
> As I reflect on my first semester on campus, I am very satisfied with my first term, because I got what I wanted: good grades, a large network of relationships. Since then, I've enjoyed my . . .

줄친 곳 두 곳에서 명사 나열이 나왔는데, "and" 부분을 수정할 수 있겠지요? relationships and studying 그리고 good grades and a large network of relationships 로 수정해 주어야 합니다.

두 번째 줄친 곳에서 나열이 연결된다는 신호로 콜론(:) 처리해 주었는데, 이것은 좋아요.

Such as 뒤에 명사가 나열될 때의 일반적인 형태는 Such as A, B, …, and E.입니다. 이 형태를 다음 논문(by Bae, J.)에서 가져온 잘 된 예시들에서 봅시다.

73

Coherence is created by cohesion markers such as reference, conjunction, substitution, ellipsis, and lexical ties.

다음 예시입니다.

- Writing genres such as letter-writing were taught to these students.

  위 예에는 Such as 뒤에 한 개의 예시만 왔는데, such as에는 최소 두 개가 온다는 독자 기대가 있습니다. 예시를 추가해주어야 하겠습니다.

- Instagram has various functions such as poll, quiz, questions, and so on.

  Such as를 쓰는 것 자체가 바로 뒤에 오는 예시들을 특정하는 경우입니다. 따라서 위에서 두루뭉술한 and so on은 삭제해주는 것이 좋습니다.

- The test measured English writing proficiency in areas such as: grammar, cohesion, coherence, spelling, text length, originality, and vocabulary.

  Such as 뒤에 특히 나열되는 것이 많을 때는 콜론을 붙여주어 such as: 로 표현해 줍니다. 시각적으로도, 의미적으로도 독자가 내용을 파악하기 용이해 집니다. 이 뒤에 구체적 예들이 연결되는 신호입니다.

- It is true that more recent studies, such as the ones referenced earlier, employ writing assessment.

  이 경우에 such as 이하의 말이 문장의 중간에 위치한 삽입 표현입니다. 따라서 이런 경우 양쪽에 comma를 추가하여 독자의 이해를 돕는 것이 좋습니다.

위의 예시들은 제가 쓴 논문에서 발췌, 개편하여 가져와 보았습니다. 위에 나온 몇 가지 예들을 숙지하여 여러 경우에 연습을 하여 such as와 관련하여 능숙한 솜씨를 발휘해 보세요.

요약

복합 명사로 세 개 이상의 명사가 중첩되는 것은 피해야 합니다. 다양한 명사 나열법을 숙지하는 것이 중요하고 such as 뒤에 오는 다양한 형태를 숙지하여, 그 형태를 능숙하고 깔끔하게 취해주면 세련된 작문이 되는 데 도움이 됩니다. 이러한 것은 종종 작문에 등장하기 때문에 주의를 기울여 숙달하여 깔끔한 작문이 되는 데 한 걸음 나아갑시다.

Common Error 10

명사와 동사, 어느 것을 선호?

에세이 같은 긴 글을 영어로 써서 지식층 원어민 친구에게 읽어 보라고 요청하면 며칠 후에 다음과 같은 피드백을 받을 때가 있습니다.

> 동사 위주로 고쳐라.
> 글이 명사 위주로 되어 있다.

이 피드백에는 글이 잘 읽히지 않거나, 뜻이 빨리 와 닿지 않는다, 읽기가 힘들다란 의미가 내포되어 있습니다. 글이 길고 다루는 내용이 가벼운 주제가 아닐 때는 더 문제가 됩니다. 이번 차시에서는 명사 대신 동사 위주로 쓸 것, 왜 동사를 쓰라고 하는지, 그 효과는 무엇인지에 대해 말해 보겠습니다.

여기 단어들을 봅시다.

- Describe – description
- Modify – modification
- Believe – belief

한쪽은 동사, 한쪽은 명사입니다. 둘 다 기본적으로 같은 뜻입니다. 그러나 동사(describe, modify, believe)는 움직임을 나타냅니다. 신체 일부의 움직임이나 마음의 움직임을 포함합니다. 오른쪽은 명사입니다. 명사는 물건, 장소, 상태, 특성을 지칭하는 것으로 이름입니다. 정적입니다. 동사에서 느껴지는 생동감은 없습니다.

명사를 써서 동사화시킬 때가 많습니다. 예를 들어,

- Offer a suggestion
- Give a presentation

이러한 단어를 한 단어로 표현하면, 각각 suggest, present로 표현할 수 있습니다. 이 동사에 핵심 내용이 있습니다. 하지만 offer a suggestion, give a presentation에서는 글쓴이가 동사와 명사를 결합하여 이 핵심 뜻을 희석시킵니다. 그 의미가 약화, 오염되는 것이지요.

그래서 전문가들은 명사가 든 표현들을 동사 하나만으로 대체하라고 권합니다. 명사 대신에 동사를 쓰게 되면, 더 적은 수의 단어를 쓰게 됩니다. 그래서 인지적 부하를 낮추어 독자 편에서 읽기 쉽습니다. 가독성(Readability)이 향상됩니다. 간소한 표현으로 뜻이 명료하게 되고, 힘이 있으며 활력을 띠게 됩니다. 예를 들면,

- Send me *an email*. ➡ Email me.
- Could we have a discussion about this matter early this week?
  ➡ discuss
- They made a quick decision to talk with Tim.
  ➡ quickly decided

위에서, 명사를 꾸미는 quick이란 형용사가 동사를 꾸미기 위해 quickly란 부사로 대체되었는데, 동사를 꾸미는 역할답게 부사 또한 형용사보다 더 동적인 느낌을 주지요?

- We will take this matter into careful consideration.
  ➡ carefully consider this matter

  다소 정적인 형용사 대신 동적인 부사로 대체

- Studies conducting group comparisons typically used students in university settings. ➡ comparing groups

  Compare 하나로 conducting comparisons를 대체 표현할 수 있음

제목을 지을 때도 동일합니다.

> - The assessment of writing ability in a project-based EFL classroom. ➡ Assessing

Assessment라는 명사를 Assessing으로 표현하여 간결하고 힘있게 의미를 전달할 수 있습니다. 또한 전치사 of를 처리해야 하는 인지적 부하를 없애줍니다. 이러한 예를 더 봅시다.

> - Table 2 is an illustration of how the three systems are interconnected. ➡ illustrates
>
> - They expressed a need for the development of a new system suitable for the Korean teachers and students.
>   ➡ to develop
>
> - The following is a description of their computer literacy and interests in learning the new technology. ➡ describes
>
> - Based on the information, John took the medicine in the belief that he will be cured. ➡ believing

훨씬 낫지요?

지금까지의 예시 문장들에서는 문맥 없이 떨어진 한 문장씩을 살펴보았지만, 실제 긴 논문이나 에세이에서 이러한 명사 위주의 표현들이 도처에 나타나게 되면, 독자의 이해 처리에 방해가 됩니다. 동사 위주로 문장을 써서 간략하고 힘

있고, 읽기에도 기분 좋은 글을 작성합시다.

요약

명사 대신 동사를 쓰면

- Brevity, 핵심 한두 단어를 씀으로써 간단해지고, 뜻이 명료화됩니다. 독자의 인지적 부하를 줄여 주어 가독성이 높아집니다.
- 동사는 action을 나타내므로 힘이 있게 됩니다.
- 이로 인해 여러분의 글이 concise, strong, vigorous writing이 될 수 있습니다. 권장되는 writing style입니다.

이러한 문체를 원하시면 명사 대신 동사를 쓰세요.

MEMO

Common Error 11

Of ~ 구문, 중첩하여 쓰지는 않나요?

이 장에서 다루는 것은 스타일에 속한다고 할 수 있습니다. 특정한 방식으로 써 놓을 경우, 어휘, 문법, 의미로 보아 잘못된 점이 없으나, 스타일이 좋지 않게 되는 요소 한 가지를 다루겠습니다. 바로 동일한 전치사를 연속하여 쓰는 것입니다.

우리가 전달하고자 하는 의미를 글로 구성하다 보면 하나의 문장 안에서 같은 전치사를 연속하여 쓰게 되는 경우가 있습니다. 특히 전치사 of로 시작하는 of ~ 구문을 연속하여 쓰게 되는 경우가 많습니다. 이러한 경우는 수정하여 써 주는 것이 좋겠는데, 무슨 말인지, 예시를 봅시다.

먼저, 논문의 제목에서 보이는 예시들을 가지고 왔습니다.

- The study of reading ability of children in an immersion classes
- The assessment of writing ability of students in flipped learning classes
- An overview of automated scoring of essays

읽어보면 한 문장 안에 of, of가 두 번 발음되어, 치인다고 할까요? 발음하기가 불편하다고 할까요? 새롭지 못하다고 할까요? 걸리적거리는 것이 정확히 어떤 문제인지 꼬집기가 어렵습니다만 글을 잘 쓰는 원어민들은 이러한 표현을 피하라고 합니다.

글은 기본적으로 시각적이지만, 청각적이기도 합니다. 소리 내어 읽으면 음이 됩니다. 눈으로, 속으로 읽는다고 하더라도 머릿속에서 음을 다루게 됩니다. 그래서 writing은 visual이지만 역설적으로 sound라고 평하는 거장들이 있습니다.

넓은 원칙에서 보면, 한 문장 안에서 혹은 가까운 문맥에서, 똑같은 단어가 두 번 나타나는 것을 피하고 다른 단어로 바꾸라는 원칙이 있습니다. 한국말에서도 마찬가지입니다.

이러한 중복을 어떻게 고칠 수 있을까요? 앞서 본 예시들을 적절히 수정해 봅시다.

> The study of reading ability of children in an immersion classes.

처음의 of는 목적격, 두 번째 of는 소유격으로 각각의 쓰임을 알 수 있습니다. 뜻을 유지하면서 of 대신 다른 전치사인 by를 써서 by children으로 바꿀 수 있겠습니다.

> The assessment of writing ability of students in flipped learning classes.

Of students의 경우에도 of는 소유격이 되겠지요? 만약 이 of를 그대로 두고 싶다면 assessment를 동사로 고쳐서 Assessing writing ability of students ~ 로 바꿔 쓸 수 있겠습니다. 혹은 The assessment of students' writing ability도 좋습니다.

> An overview of automated scoring of essays.

여기서도 of 구가 두 번 나타나는데, an overview of automated essay scoring 으로 해주면, 두 번째의 of를 쓰지 않아도 되겠죠? Overview를 동사화하여 Overviewing automated scoring of essays 로 수정할 수도 있겠습니다.

다음은 출판된 책에 나오는 문장입니다.

> In every seed is the promise of thousands of forests. (Deepak Chopra 2011, p. 29)

출판된 책에서 본 좋은 의미의 문장인데요, '씨앗 하나하나에는 수천 개의 숲의 약속이 있다'로 해석할 수 있습니다. 이 문장에서 '약속이 있다'라는 정적인 의미, '약속하다'의 동적인 의미인데, 저자는 여기에서 전자를 선호하였을까요? 만약 그렇다면 해당 문장을 그대로 두는 것도 괜찮겠습니다. 만약 후자를 선호한다면 the promise of를 동사화하여 Every seed promises thousands of forests로 바꿀 수 있겠습니다.

> This chapter investigates one of the greatest kings of Korea.

뜻을 변화시키지 않고 of를 한 번만 쓰고 싶다면, 뒤의 of Korea를 in Korea로 바꿀 수 있겠지요?

> The team consisted of a group of researchers working on genetic modifiers.

Consist of, a group of라는 두 관용구에서 모두 of가 사용되었습니다. consist of의 동의어로 comprise를 사용한다면, The team comprised a group of researchers가 되어 of의 중첩을 피할 수 있습니다. 초안에는 of가 연속되더라도 개정 과정에서 중복된 표현을 적절한 표현으로 대체해주어야 하겠습니다.

> Examples of the correction of errors of students are provided in the following section.

여기에는 of가 세 번이나 나타났습니다. 수식구가 층층이, 중복되어 있습니다. 이러한 다층 구조는 독자가 의미 처리를 할 때 인지적 부담으로 작용합니다. 따라서 이러한 문장은 단순화시켜 주도록 하세요.

The correction of students' errors로 바꾸어 of 하나를 삭제하거나, correction의 동사 correct를 써서 Examples of correcting students' errors ~ 도 가능합니다. 또한 example의 동사 illustrate를 써서 The correction of students' errors are illustrated in the following section도 좋아요.

> The results of the implementation of the policy will depend on how willing schools are to make good use of it.

Implementation의 동사인 implement를 써서 The results of implementing the policy will ~ 로 동사화시키는 것도 한 방법입니다.

> The development of a Korean version of the ACE survey will contribute to the progress in the studies in social skills in Korean secondary schools.

Developing a Korean version ~ 을 사용하여 생동감을 주거나, short dash인 - 를 추가하여 형용사를 만드는 방법도 있겠습니다(a Korean-version ACE survey). 전치사 in도 세 번 반복되었는데, the progress in the studies of social skills 로 고치면 그 반복을 줄일 수 있습니다.

> The present study is important because it examines the possibilities of the applications of the new system in Korea .

중복된 of 표현이 연이어서 나왔습니다. It examines the possible applications of the new system~ 으로 쉽게 바꿀 수 있겠지요?

> An interview with some of the users would have resulted in a better understanding <u>of</u> their perceptions <u>of</u> the rules.

이 경우의 of 중복도 뜻에 변화를 주지 않고, perceptions <u>about</u> the rules 로 고쳐줄 수 있습니다.

요약

- Of phrase는 소유격, 주격, 목적격, 동격으로 사용되므로 그 용도가 다양하고 유용합니다. 그래서 이러한 표현을 연속 사용하는 경우가 많습니다. 그럴 경우 문법적, 의미상의 문제는 없습니다.
- 문제는 동일 음이 연속되어 청각적 중복이 일어나고, 새롭지 못하다는 느낌을 줄 수 있다는 것입니다.
- Of 구가 다층이 되어 인지적 부담이 되고 의미처리에 걸리적거릴 수 있습니다. 이를 다른 어휘, 표현으로 대체할 수는 없는지, 간소화할 수는 없는지 살펴봅시다.

이런 조언은 아마 문법책이나 작문 책에 잘 나타나지 않을 수도 있을 것입니다. 왜냐하면 of 구문이 연속 나타나도 문법적으로나 의미상으로 의사소통에는 큰 문제가 되지 않기 때문입니다. 그러나 제가 강조하는 바와 같이, 기본 개념인 단어들과 문법, 즉 어순에 대한 규칙이 해결된 다음에는 스타일의 문제입니다.

스타일은 여러 단어와 배열 방법 중 어느 것을 선택하여 어떤 식으로 사용하느냐의 문제입니다. 기본 규칙 안에서 언어의 요소들을 이렇게도 저렇게도 쓸 수 있는 것이 스타일입니다. 이것이 작문의 질과 격을 높이는 데 중요한 역할을 하게 됩니다. Of 구문의 연속 사용과 관련된 내용을 기억하여 영작 스타일에 도움이 되기를 바랍니다.

Common Error 12

방치된 문단 네 가지

문단(paragraph) 하면 다 아는 것이라고 느끼지요? 다 안다고 여기는 이 문단에 대학생, 대학 졸업자들을 불문하고 미숙함이 드러날 때가 부지기수입니다.

문단에 대한 기본 규칙을 봅시다.

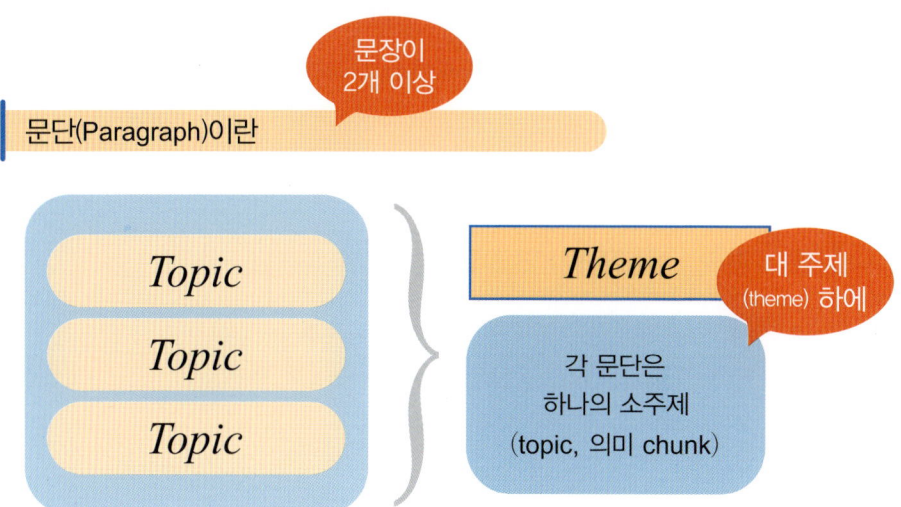

국어와 영어에 동일하게 문장(sentence)이 두 개 이상 있으면 문단으로 됩니다. 도표에서 보듯, 글에는 대주제(theme)가 흐릅니다. 이 대주제 하에 복수의 소주제(small topic)가 덩어리(chunk)져 있는데, 이것이 문단들입니다. 두 번째 소주제(두 번째 문단)는 바로 앞에 오는 문단 내용에 대한 전개 내지 발달(development)이 되고, 세 번째 문단은 두 번째 문단 내용에 대한 확장이 됩니다.

문단의 기능은 의미를 시각적으로 소주제별로 묶어주는 것이지요. 이러한 시각적 chunking은 독자에게나 작가에게나 가독성을 높여줍니다. 심리적, 인지적인 하중(loading)을 낮추어 의미 처리가 원활하도록 도와줍니다.

문단을 나누는 관습(convention)에는 문단 앞에 들여쓰기인 indentation을 사용하지요. 혹은 그림에서 보는 것처럼 indentation 없이 두 문단 사이에 한 줄 띄우는 line spacing을 두어 문단을 구분해 주는 방법이 있습니다. 이 경우에는 논문이나 보고서, 혹은 인터넷이나 편지 같은 곳에 많이 쓰입니다. 들여쓰기와 한 줄 띄우기, 두 가지 방법 다 사용하기도 합니다.

문단이 미숙하게 되어있는 경우들로 들어가 보겠습니다. 네 가지 종류의 미숙함이 있습니다.

문단 미숙 1 글 전체가 한 문단이다

첫 번째 미숙함은 양이 상당히 많은데 글 전체를 한 문단으로 해두는 것입니다. 이것은 소과제에서 많이 일어나는 현상으로 가장 흔한 문단 부주의입니다.

아래 예시는 이야기 쓰기 소과제입니다. 초등학생 고급 수준의 학생이 쓴 글입니다.

My dog is crazy

Monday, Jason is walking the dog. They are in the Jisan park. Jason's dog likes diamond last year. Jason's mom give the diamond necklace to Jason. The Jason's dog is looking his necklace. The dog think "Oh, It's very beautiful." and Jason's dog like diamond after this happened. In the park, Jason and his dog is walking next to the flowers. This section, people can't walk inside to flowers. But Jason's dog run to flowers and dig the ground. Jason is very surprised. The staff is looking this situations. The staff was very angry and shouting to Jason and

> his dog. Jason is very angry to his dog, so he yell to his dog and it. Suddenly, Jason's dog is stop digging the ground and Jason's dog pick up something. Jason is wonder of this thing. So, he looking his dogs and very surprised. His dog grab the diamond. Jason and staff is very surprised and happy. Jason is very glad. So, hug his dog long time. After this Monday, Jason and his dog is on the newspaper. Jason cell this diamond, and he become very rich person in their world. Finally, his dog becomes very famous. His dog has its house and car. Jason and his dog is very happy.

전체 이야기를 한 문단으로 처리했습니다. 이야기의 시작을 "Monday, Jason is walking the dog. They are in the Jisan park."로 열었습니다. 이야기 끝에는 "Finally, his dog becomes very famous. His dog has its house and car. Jason and his dog is very happy."라는 결말이 나와 있습니다. 그 중간에는 body가 있고요. 충분히 opening, body, coda 세 개의 문단으로 만들 수 있는데 한 문단 처리가 되어있습니다.

이렇게 한 문단으로 쓴 이유는 무엇일까요? 어릴 때부터 한국어 글에서 문단 개념은 잘 서 있을 겁니다. 그러나 실제 영어 쓰기가 되어서는 이 문단 개념이 사라진듯합니다.

사실, 영어 쓰기에만 그런 것이 아니고, 한국어 쓰기에도 마찬가지로 글쓴이들에게 문단이 잘 정립되어 있지 않거나 관심을 쓰지 않고 있어요.

다음 이메일 예시를 봅시다.

> 교수님 안녕하십니까? ㅇㅇ 수업을 들은 영어교육과 ㅇㅇㅇ입니다. 추운 날씨에 한 해 마무리 잘하셨으면 좋겠습니다. 드릴 말씀은 다름이 아니라 제가 성적 확인 결과 B+가 나왔는데, 성적이 비슷하다고 생각했던 남자 학우들보다 제가 더 성적이 낮게 나와서 혹시 어떤 부분에서 제가 감점이 되었는지 세부적인 부분을 알 수 있는지 여쭈어보고 싶습니다. 한 학기 동안 ㅇㅇ 수업에서 많은 것을 배울 수 있어 감사했습니다.

이 이메일 전체가 하나의 덩어리, 하나의 문단으로 되어있습니다. 길지 않은 글이라서 문단으로 나눠야 한다는 생각이 들지 않은 것인지? 라고 생각해 볼 수 있겠습니다만, 다음의 예를 보면 그런 것도 아닙니다.

> ### Why you are taking this course
>
> As time goes by, teaching methodology toward English has changed without doubt. I think the attempt to make a difference in education is based on the teacher's effort to progress and their ability to grasp what is necessary for students to acquire. Most students have a better environment when it comes to learning Language than earlier generations thanks to the development of technology which makes an exposure to foreign language easy. In addition, students are also well-educated. Therefore, a focus on teaching language should be changed according to advance of students. The education is not only for its classic value as a tool for enlightening human, but actual skills for more convenient life by using developed knowledge. I think it also applies to learning and teaching language. In the past, almost every person was obsessed with anything but reading and comprehension skills. But students and teachers in these days get to know

> what is important when they learn language by trials and errors. Consequently, people claim that the existing methodology bears a problem like a lack of production skills. That is why people call for a renovation in English classes. Grammar and reading ability is not only necessary skills but when we consider language as a communicative tool, we can't deny how much important the teaching writing and speaking professionally are. I agree that it's more future-oriented and productive to make revisions to some parts of current educational circumstances. I'm not a student who is familiar with an educational system in these days. That is why I decided to take this class, a guide to writing English essays for my future profession as a teacher and it is very helpful for me to check my ability to write expository and argumentative essays.

이 긴 영어가 one paragraph 처리가 되어있습니다. 제목은 Why you are taking this course 로, 왜 이 수업을 듣는지 적어 보라고 요청받은 과제입니다. 그 이유를 숙고하여 이만큼의 영어로 정성껏 에세이를 써냈습니다. 그러나 문단에 대한 감각이 이때 사라진 것일까요?

다음 예시를 봅시다.

> 주제: If you could live in one country other than Korea for a month with full funding provided for your expenses, what country would you select and why? What would you do there?
>
> Many people imagine an escape from everyday life. So, do I. Because repeated daily routines can be boring. Through this

writing, I could imagine detailed figure of mine if I escaped from everyday life. If I have chance to live in other country for one month, I want to live in Germany. Because I want to experience cultural difference to broaden my perspective. Germany has lots of differences compared to Korea. Especially in college classes, students in Germany are said to be more involved. I want to absorb their passion in studying and learn how to express one's opinion attractive. And Germany is the center of philosophy. There are many prominent philosophers in Germany, such as Heider and Schopenhauer. Recently, I begin to have interest in philosophy. I want to study philosophy with perspective of Germans. It helps me to broaden and deepen perspectives and satisfy both academic and cultural interests that I have.

이 쓰기 과제는 '만약에 시간이 주어진다면 어느 나라에 가서 살고 싶은가?'라는 주제에 대해 짧은 에세이를 쓰는 것이었습니다. 이 작가의 경우에는 '우리나라와는 다른 독일의 문화를 한 번 맛보고 싶다. 여가를 사용해서 철학적 배경이 풍부한 독일에 가보고 싶다'라는 글을 적었어요.

내가 이 학생에게 one paragraph 처리를 했는데 그때 왜 그랬는지 한번 고찰해 보라고 요청하였어요. 그에 대해 이 학생은 "그때 저는 질문의 답으로 하나의 답, 즉 여유가 생긴다면 '독일에 가보고 싶다'라는 것을 생각했기에 '이 하나의 주제, 흐름으로 글을 쓴다면 하나의 문단으로 쓰면 되지 않나?'라는 개념을 가지고 있었다"라고 했습니다.

이와 같은 생각을 가진 학생들이 2~3명 있었어요. 그들도 비슷하게 한 문제에 대해 답을 작성할 때 '한 문단으로 적어야 한다는 고정관념이 있었던 것 같다. 그러나 실제 한 문제 답이라도 여러 가지 소주제로 구성된다면 문단 구분을 해주는 것이 좋다는 것을 놓치게 된 것 같다'라는 코멘트를 했습니다.

또 다른 학생은 "중고등학교에서는 입시 위주의 영어수업으로 문법에 치중하게 되고 writing에 대해 배울 기회가 많지 않아 글쓰기 방법에 대해 학습을 많이 하지 못한듯하다." 그다음 "spelling이나 문법적인 요소에 신경을 쓰다 보니 문단까지는 생각 자체를 못했던 것 같다." "국어시간에 글쓰기를 배우기는 했지만 이것이 영어에도 같이 적용된다는 점을 잘 인지하지 못하는 경향이 있는 것 같다." "영어 글을 쓸 일이 많지 않아 이를 인식하지 못하게 되는 것 같다." 모두 도움되는 고찰입니다.

내 나름대로 생각해 보면 우리가 국어 읽기나 영어 읽기를 통해서 이미 문단이라는 것이 무엇인지 그의 유용성은 무엇인지 잘 이해하고 있습니다. 이러한 문단 이해 능력은 수용적 기술(receptive skill)이라 하지요. 이 이해능력이, 문단 쓰기와 같은 쓰기 기술로 저절로 옮겨지지는 않습니다. 즉, 쓰기 기술은 productive skill로, 어떤 생산을 하는 표현기술이 되는데, 이 표현 기술로 자동 전이되지 않습니다. 즉 이해능력은 그 나름의 능력이고, 쓰기라는 능력은 또 다른 능력이기 때문에 별도의 연습이 필요합니다. 문단을 보아 이해하는 기술은 문단을 만드는 기술로 자동 전이되지 않는 것이지요. 여러분들이 paragraphing 하는데 주의를 기울여서, 즉 의식적으로, 명시적으로 여러 글쓰기 연습을 해야 합니다. 내 몸에 배어 자동 기술로 되기까지요.

이와 같은 특정 쓰기 기술을 습득할 때는 여러 writing 건수에 대해서 한동안 여러분들이 의식적, 명시적으로 알아차리기(awareness)를 하고 주의집중 (attention) 해주어야 합니다. 이 점은, 여기에서는 깊이 들어가지 않겠지만, 학자들이 주장해 온 기술이 자동화(skill automation)되기 위해 필요한 과정입니다.

글쓰기에서 문단을 나누어 쓴 학생들이 고찰하기를, 본인은 "토플 영어 쓰기 때문에 영어 쓰기를 상당히 연습해 왔고 그때 paragraph가 중요하다는 이야기를 들어서 의식적으로 연습을 했다. 그래서 이번 에세이를 쓸 때도 자동으로 그렇게 된 것이다"라고 고찰했습니다. 이러한 연습을 통해서 나중에 paragraphing은 내가 별 신경 쓰지 않아도 자동으로 짓게 됩니다.

다음, 아래의 글을 봅시다. 이 경우에도 한 문단 처리가 되었습니다. 짧은 에세이인데, 전역을 하고 친구들과 몽골에서 본 자연이 장엄해서 내 인생 전체를 고찰해보게 되었다는 내용입니다.

> After discharged from the military service, I've been to Mongolia with my friends. The nature of Mongolia was quite magnificent and gave me time for reflecting on my entire life. The countless stars in the night sky healed my wounded heart, and the huge sand hill of Govl Desert made me kneel down in front of the great nature. Furthermore, every Mongolian that I've met there welcomed us with a smile. They seemed not to have prejudice against these strangers. Therefore, If I could live in one country for a month, that would be definitely Mongolia. In this time, I want to go to the north side of Mongolia. There is a grand lake called "khovsgol Lake", which is bigger than Jeju island. I just want to buy a little boat with the provided funding and make a plan for the rest of my life during floating over the calm lake.

이 학생이 고찰하기를, "과제 시작 전에 쓴 글을 한 번 소리 내어 읽어보았다. 첨부터 끝까지 읽는 동안 나는 중간에 한 번도 끊지 않고 끝까지 읽었다. 숨이 차기도 했지만 내가 쓴 글이고 짧은 글인데도 불구하고 중간에 몇 내용이 정확하게 기억에 남지 않았다."

그래서 드는 생각이 "이런 이유로 문단을 나누는 것이구나" 하고 생각해 보았다고 합니다. 주의할 것은 소리 내어 한 번 읽어 보았고 읽는 동안 숨이 차기도 했다는 것입니다. 그래서 여기서도 writing의 sound 성질을 느낄 수 있는데, 어떤 전문가들은(예: William Zinsser) writing은 sound라고 하기도 합니다.

Writing이 sound라는 것에 관해서는 별도로 이야기할 기회가 있길 바랍니다. 결국 sound이기 때문에 소리내어 한번 읽어보라고 권하기도 합니다.

이 학생은 본인이 쓴 글에 paragraphing을 지어보았습니다. 그랬더니 다음과 같이 되었습니다.

> After discharged from the military service, I've been to Mongolia with my friends. The nature of Mongolia was quite magnificent and gave me time for reflecting on my entire life.
>
> The countless stars in the night sky healed my wounded heart, and the huge sand hill of Govl Desert made me kneel down in front of the great nature. Furthermore, every Mongolian that I've met there welcomed us with a smile. They seemed not to have prejudice against these strangers.
>
> Therefore, If I could live in one country for a month, that would be definitely Mongolia. In this time, I want to go to the north side of Mongolia. There is a grand lake called "khovsgol Lake", which is bigger than Jeju island. I just want to buy a little boat with the provided funding and make a plan for the rest of my life during floating over the calm lake.

"그렇게 해보니 직관성과 가독성이 높아졌을 뿐 아니라 내가 나타내고자 하는 생각을 더 정확히 표현할 수 있게 된 것 같다."라고 했습니다.

문단 미숙함 두 번째입니다:

> **문단 미숙 2** 문단 구분은 잘해놓았으나,
> 어떤 문단의 양이 너무 많다.

예를 들면 아래 경우입니다.

My future profession

　직업이 개인에게 가지는 영향은 막대하다. 특정한 직업을 선망하는 아이들을 보면 알 수 있듯이 자신의 잠재력을 채 알기도 전인 학창 시기 때부터 초등, 중등 교육과정을 선택하고 대학 진로도 선택하는 등 인생의 방향이 판이하게 바뀔 수 있기 때문이다. 직업을 가지기 위해서는 많은 선행학습이 필요하다. 특히 대학교육은 그 직업에 필요한 전문적인 지식을 습득하는 곳이다. 내가 다니고 있는 사범대학 또한 특수 목적 교육의 일환이라고 볼 수 있는데, 이 곳은 중등 교육 교사를 양성하기 위한 교육을 한다. 이러한 특수한 목적을 가지고 있는 직업은 개인의 능력뿐만 아니라 사명감 또한 요구하기 때문에 일련의 교육과정을 이수할 수 있는 능력뿐만 아니라, 책임감과 노력을 수반한다는 데 있어서 전문적인 지식의 정도를 요구하는 몇몇의 다른 직업과는 별개의 군이라고 할 수 있다. 많은 시간과 노력을 들여 배우는 대학교육이 직업의 현장과 연결되어있다 할지라도 자신의 적성과 흥미에 맞지 않으면 권장할 만한 일이라고 할 수는 없다. 많은 주변의 사람들이 자신의 전공과 적성이 맞지 않아서 고민을 하고 있는 경우를 많이 보는데, 나는 그와 달리 이 곳에서 하는 공부가 적성에 잘 맞고, 미래의 인재를 양성한다는 취지도 나의 사명감을 고무시키는 일이라고 생각하기 때문에 교사를 미래의 직업으로 할 것이다. 교사도 진급하게 되면 가르치는 일 이외의 더 근본적인 교육 전반에 대한 문제를 관장 할 수 있는 권한이 생기게 되며 그 또한 세부 분야로 나누어져 진출 할 수 있다. 하지만 나는 가르치는 일 이외의 일에는 자신이 없고, 별로 기호에도 맞지 않기 때문에 인생의 낙을 학생들을 가르치는 일로 사목, 그들의 고민을 듣고 함께 고민하는 교사가 되고 싶다.
　나의 전공을 십분 활용하여 교육 현장에서 영어를 가르치고자 하는데, 이

> 과목을 가르치는 일은 많은 노력을 필요로 할 것이다. 가르치는 기간 동안 끝없이 공부를 해야 한다는 점이 내가 해야 하는 첫 번째 노력이다. 왜냐하면 언어라는 것은 시간에 의해서도 사회적 변화에 의해서도 쉽게 변할 수 있으며 시대에 따라 쓰이는 단어와 그의 함의가 달라져 사실은 끝이 없는 공부라고 할 수 있기 때문이다. 많은 학생들이 과거와는 다르게 높은 학력과 높은 학습 수준을 보이고 있어 공교육 현장에서의 영어교사는 과거의 절대적 지식을 가진 교사로서의 입지도 단언할 수 없다. 교사가 되고 나서도 끊임없는 자기발전이 더욱 더 양질의 교육을 가능하게 할 것이며, 공교육의 위상을 회복하기 위해서 한 사회의 일원으로서도 진지한 고민을 계속 해보아야 한다고 생각한다. 또 다른 노력은 가르치는 일이 수반하는 정신적 스트레스에 대해서도 대비해야 한다는 점인데, 그것은 어른의 눈으로 학생의 눈높이에서 다가가서 그들이 원하는 것을 알아차려야 한다는 점에서 노력을 필요로 한다. 나 또한 학창시절을 경험했다 할지라도 지금 학생들과 완벽하게 같았다고 할 수가 없기 때문에 그들이 직면하고 있는 현실을 이해하기 위해 열린 마음가짐을 가져야 할 것이다.

위의 경우 좋은 내용의 글이며, 문단에 대한 개념은 확실하게 서 있습니다. 두 문단으로 나뉘어 있습니다. 그런데 첫 번째 문단의 양이 상당히 깁니다. 어떤 글은 아마 거의 한 페이지를 차지할 정도로 길 때도 많아요. 그러면 그 긴 문단에 대해 독자는 심리적으로 '많다. 버겁다'고 느끼게 됩니다. 그래도 한번 읽어 보았을 때 중간쯤에서 '이게 어디에서 뜻이 어떻게 되지?'라고 헤매게 됩니다.

그런 것을 방지하기 위해서 작가의 입장에서 독자를 위해, 물론 작가 자신을 위해, chunking을 가시적으로 해주면 좋겠지요. 문단을 쓸 때는 비교적 <u>짧게</u> 써주어야 하겠어요. 한 문단이 몇 줄이 되어야 하는가에 대한 규칙은 없지요. 그러나 직관적으로 대략 10줄까지, 조금 짧게 해주면 우선 심리적 부담을 줄여주게 되고 의미 처리도 수월해져 독자에게나 작가에게나 서로 좋습니다.

세 번째 미숙한 영역을 봅시다.

> **문단 미숙 3** 1 sentence = 1 paragraph
> 한 개의 문장이 한 문단으로 되어 있다.

다음 예시를 봅시다.

> The second problem could be solved by teaching with a combination way of deductive approach and inductive approach. In first step, teachers explain the rule of regular past tense with some examples. This way helps students to build the schema of the past tense. Next, students are exposed to the environment of the irregular forms of verbs. Teachers can check the students' understanding through the guided writing or the comprehension check.
>
> If given the chance, teachers have to make the students engage in journal writing to practice these problems.

위 글은 과제로 제출된 것입니다. 첫째 문단에 이어, 두 번째 문단이 "If given the chance, teachers have to make the students engage in journal writing to practice these problems."로 한 개의 문장이 되었죠.

이러한 예는 출판물에도 허다합니다. 출판물들은 다 개정을 거쳐서 나오게 되는데 개정 과정에서 이런 규칙은 간과되었거나 인지하지 못하게 된 것 같아요. 내가 학생들에게 한 문장이 한 문단이 된 경우를 출판물에서 찾아 이미지로 올려보라고 해 보았습니다. 좋은 예들을 찾아왔던데, 이 책에도 한 번 공유를 하고 싶지만 이미 출판된 것이라서 잘못되었다고 지적하는 것이 친절한 일은 아니어서 공유할 수가 없군요. 여러분들도 주의를 기울여 찾아보면 많이 나타날 것입니다.

마침 제 요청으로 몇 학생이 자신이 이전에 기말 과제로 써 낸 에세이를 제공해 주었습니다. 여기 올려봅니다(감사합니다).

> This trait of children's development of language though its definition is not clear. Children have innate language competence, so they can easily learn languages based on it.
> But we can suggest this question. If children are born with Universal Grammar, are its components all the same? Then, why children acquire different languages depending on the circumstances in which they were born? Otherwise, why do children born in the same country learn the same language? Chomsky asserts that principles and rules that compose Universal Grammar may vary by variable. Variable refers to their environment. It means children born with Universal Grammar in their brain, but the various environments make a difference in the development of language by Universal Grammar. So, we can explain why children show difference in language acquisition by their environment.
> Eventually, we need to assume that humans are innately endowed with Universal Grammar to explain children's characteristics of language acquisition.

이 학생은 왜 위 에세이 마지막에 한 문장을 쓰게 되었는지, 그리고 그것이 왜 문단이 되었는지 고찰해 보았습니다. 그래서 "essay 결말을 명료히 드러내기 위해서 그랬던 거 같다"라고 했습니다.

다음은 교환학생 프로그램 지원서입니다.

Connected with English is 'English II'. In this class, I could meet many foreigner students came from different countries. Also, during the class, I did volunteer to speaking about my opinion 'younger people in Korea don't vote actively than the older' that related to my major and experiencing during Korean local election. And each classes, I take an active part in presenting my opinion. Finally, I could get an 'A' in this course. But only in the class is not enough to understand the global trends and experience many new culture. So, I want to gain new knowledge and experience through student exchange program. As these reasons, I think this program is suitable for me.

I apply for the Mendel University in Brno. Czech Republic. I heard Mendel University providing lectures related with my major such as social pedagogy, school ethics and educational psychology. Through listening these courses, I could learn attitude about European's educational methods. I think it would be very helpful for me to have a unique insights of the educational philosophy that I had never learned about at Kyungpook National University (KNU).

I think going through foreign cultures makes me have various point of view and understand each culture's differences. This mind would make me help to become a social teacher who has open-minded at education field in the multicultural age.

I sincerely hope I can get a chance to be an international student from this valuable opportunity.

자신이 전에 써 낸 지원서를 한 번 꺼내 보니 저렇게 한 문장이 한 문단으로 되어있는 것을 발견하게 되었다고 했습니다. "I sincerely hope I can get a chance to be an international student from this valuable opportunity." 아마도 다시 쓴다면 이 문장을 바로 앞의 문장에 붙이지 않았을까 하는 생각이 들었다고 합니다.

그런데 저도 보면, 아무리 생각해도 어떤 한 개의 문장이 앞의 문장과는 좀 떨어져야 할 것 같은 생각이 들 때가 있어요. 그래서 이 한 문장을 한 문단으로 처리해 놓을 때가 있습니다. 그러면 논문 심사 중 검토자로부터 "이것은 문단이 되기에는 곤란하다"라는 피드백을 받게 되요. 그래서 이런 경우에는 한 문장을 더 써서, 위 교환학생 지원서 경우라면 "Thank you." 혹은 "I look forward."와 같은 말을 붙여 주면 두 개의 문장이 되므로 문단으로서 제대로 역할을 하게 되지요. 그렇게 두 개 이상 문장으로 만들어 주거나 아니면 앞 혹은 뒷 단락에 붙여 주면 됩니다.

다음 글은 과제물로서, 주제는 The two common features of content validity and impact입니다.

- **The two common features of content validity and impact**
First, the decision about content validity and impact is not quantitative but judgmental.
Second, to prove content validity and impact, you can not use statistics but words. It means they are descriptive.

제목 아래, 첫 번째 문단이 하나의 문장으로 되어있죠? 곤란합니다. 두 번째 문단은 2개 이상의 문장이 와 문단으로서 제 역할을 했습니다. 이러한 경우에 이 두 번째 문장을 앞쪽에 붙여 전체를 하나의 문단으로 만들어 주면, 첫 번째 문단의 문제점을 해결할 수 있습니다.

유사한 예가 아래 있습니다.

> • The views of construct validity
> In the unitary concept validity, different components or types o validity contribute to construct validity.
> In addition, the words, content validity and criterion validity are renamed as content-related validity and criterion-related validity.

두 개의 각 문단은 하나의 문장으로 되어있습니다. 이 둘을 묶어 하나의 문단으로 만들면 됩니다.

아래 과제에서도 첫 번째 문단은 한 문장으로만 되어있습니다.

>   Consequence, in other words, impact is a degree to which test scores influence test takers, evaluator, society, and parents as a whole.
>   In impact, there is wash-back that means the effect of testing on teaching and learning. Scholars say that it is either harmful or beneficial. For example, a multiple-choice test like testing vocabulary and grammar has a trivial harmful effect on students' learning or teachers' teaching essay skills. However, it can be beneficial under the TOFEL test conditions.

이것도 마찬가지로 앞의 문단을 뒤에 붙여 전체를 한 문단으로 만들면 문단 규칙에 맞게 되겠습니다.

예외를 봅시다. 우리가 이메일을 쓸 때 인사 마무리로써 한 문장이 한 문단으로 처리될 때가 많습니다. 아래 한국어 이메일을 봅시다.

> ○ ○ ○ 선생님
>
> 요청하신 환산자료 보내드립니다.
> 업무에 참고하시길 바랍니다.
>
> 감사합니다.

편지 마지막에 '감사합니다'라는 인사가 한 개의 문장으로 문단이 되었습니다. 이름을 부를 때도 마찬가지입니다. 이럴 경우는 좋습니다.

아래 영어 이메일을 봅시다.

> I hope this doesn't go on too long, and work must go on and need to plan for later. Please let me know if you want me to update a proposal for a future group to ELA Auckland.
>
> Looking forward to your reply,
>
> Best regards,

위 이메일에서는 본론이 온 다음에 그다음 마무리로써 "Looking forward to your reply"가 왔는데 한 문단 처리가 되어있습니다. 뒤에 "Best regards"라는 마무리(closing)도 마찬가지이고요. 이런 이메일 경우는 예외로 처리하면 됩니다.

마지막 미숙함입니다.

> **문단 미숙 4** 들여쓰기(indentation)도 없고
> 줄 공백(line spacing)도 없다.

들여쓰기도 없고 줄 공백도 만들지 않은 경우입니다. 이것을 예시로 보이면 3개의 문단이 있다고 가정하면, 아래 그림과 같은 형태를 지니는 글입니다.

위에 나타난 것처럼 들여쓰기도 없고 문단 사이 한 줄 띄우기도 없습니다. 실제 글을 보면 시각적으로 미숙합니다. 이런 형태를 피해 줍시다.

정리

- **문단 방치 1**: 양이 많은데 글 전체가 한 개의 큰 문단이다.
- **문단 방치 2**: 문단 구분은 되어있는데 그중 한 개의 문단이 상당히 양이 길어 심리적 부담으로 다가온다.
- **문단 방치 3**: 한 개의 문장이 한 개의 문단이다. 이 세 번째 오류는 많은 사람들이 잘 인지하지 않고 있는데, 문단으로 하려면 최소 두 개의 문장을 만들어 주어야 한다.
- **문단 방치 4**: Indentation도 하지 않고 line spacing도 없다.

이러한 미숙한 종류들을 인지하고 피하여 여러분의 글이 먼저 독자에게 시각적으로 즐겁게 다가가도록 해주고, 독자의 인지적 부담이 줄어들도록 하여 글의 가독성이 높아지게 해 줍시다.

MEMO

마무리

지금까지 쓰기의 기본적인 성격과 영어 쓰기에서 한국인들이 통상적으로 가장 많이 하는 실수들을 열두 가지로 선별해 보고 그것들이 오용인 이유와 교정법으로 안내하였습니다.

이 영역들에서 실수만 하지 않아도 여러분의 작문은 수준급이 될 수 있습니다. 이미 여러분은 탄탄한 문법실력을 갖추었으며, 거기에 어휘 실력만 보강하고, 영어권 문화에 대한 이해를 병행하면, 그리고 이 책에서 제시한 통상 오류들만 하지 않는다면, 남은 하나, 여러분의 작문을 진짜 수준급으로 만드는 것은 이제 바로 다음 요소입니다:

내용(Content).

내용은 그 자체는 비언어적인 추상적인 것으로, 생각을 다루는 것입니다. 이것이 언어라는 옷을 입어 구체화되면 그 내용이 무엇인지 독자나 화자도 알 수 있게 됩니다. 이 내용이 여러분의 작문의 양과 형태를 이끌어 갈 것입니다. 내용은 언어에 대한 지식과 별개로 주제에 대한 여러분의 생각과 경험과 지식을 필요로 합니다. 내용에 관해서는 언제 다룰 기회가 있길 바랍니다.

영어 쓰기는 기술(skill)입니다. 컴퓨터 기술, 인공지능 지식과 기술, 건축 기술과 같이 이공계에서 이러한 것들이 기술이듯, 영어 쓰기도 당연 기술입니다. 어휘, 문법을 배열하여 일관성 있고 자연스럽고 흥미롭고 논리적이며 창의적이고 훌륭한 스타일로 쓰는 것은 언어 기술(language skill), 쓰기 기술(writing skill)입니다. 의사소통은 문과와 이과 모두에 필요한 만큼 광범위하게 사용되는 기술입니다.

  이 책을 통해 여러분은 교양있는 세계시민에 걸맞은 영작문 기초 기술을 튼튼히 다져 자신감을 얻게 되었습니다. 여러분은 영어 글쓰기 기술을 활용하고 자신의 전공이나 업무에 접목하여, 기업과 국가 간 소통과 발전을 위해 글로벌 인재가 되는 꿈을 가지고 자신의 생을 마음껏 표현하면서 성공하길 바랍니다.

  이 책을 너머 영어 쓰기 기술에 대해 보충하고자 하면 저의 유튜브 채널 "영어 쓰기, 기술과 창작"을 참고해 주기 바랍니다.

영어쓰기, 이런 실수들만 안 해도 수준급
한국인이 자주 하는 영어 작문 실수 12가지

1판 1쇄 발행 2022년 2월 28일
1판 2쇄 발행 2023년 8월 15일

지 은 이 | 배정옥
펴 낸 이 | 김진수
펴 낸 곳 | 한국문화사
등   록 | 제1994-9호
주   소 | 서울시 성동구 아차산로49, 404호(성수동1가, 서울숲코오롱디지털타워3차)
전   화 | 02-464-7708
팩   스 | 02-499-0846
이 메 일 | hkm7708@daum.net
홈페이지 | http://hph.co.kr

ISBN 979-11-6685-085-1 03740

· 이 책의 내용은 저작권법에 따라 보호받고 있습니다.
· 잘못된 책은 구매처에서 바꾸어 드립니다.
· 책값은 뒤표지에 있습니다.

오류를 발견하셨다면 이메일이나 홈페이지를 통해 제보해주세요.
소중한 의견을 모아 더 좋은 책을 만들겠습니다.